詩の教材研究

――「創作のレトリック」を活かす――

児玉　忠

教育出版

はじめに

詩は、現在の子どもにとって、どこにあってどのように存在しているのか。国語教育はその「詩のありか」とどのように関わっていくべきか。これが、本書を貫く基本テーマである。

これまでも、そして今も、多くの国語教室で「詩はよくわからない」、「詩は何を教えればよいか（何を学ぶのか）はっきりしない」などの声が聞かれる。たしかに詩というものがよくわからない以上、詩で何を学ぶべきか（詩の教材性は何か）はもっとよくわからないものだろう。

その一方で、言語文化・言語芸術（文芸）という領域において、詩という存在がもつ固有の位置や役割について今さら説明する必要もないだろう。日本だけでなく海外においても、言語文化・言語芸術の極北としての詩がもつ位置や役割には、本来、揺るぎないものがある。

しかし、二〇世紀後半のメディア環境の急激な発達・変化を契機として、現在では詩そのもののあり方も変質を余儀なくされてきている。今や詩はさまざまな形で私たちの日常に拡散しつつ瞬時に流れ去ってしまうような存在となり、そうした個々の詩をみると、内在するポエジーさえも薄まってしまっているようである。

現在、詩と詩教育は、このような状況下にあるというのが私の認識である。

本書は、こうした問題意識に基づいて、小学校国語科を例に詩の教材性を改めて検討し提案しようとするものである。その際、足立悦男の「異化の詩教育論」に加え、児童詩の創作指導論における「創作のレトリック」に注目して、八つの観点から詩の教材特性を提案した。

提案するにあたり、関連して私自身が抱くもう一つの問題意識も述べておきたい。それは、文学教育という営みを実りあるものにするためには、文学を読むことばかりではなく文学を創作することも重要な要素として位置づけ、学習指導において相互に関連・往還させるべきではないかということである。

文学を読むことが創作することに豊かに活かされ、創作したことで文学がより深く豊かに読めるようになる。文学教育にそうした好循環をもたらすことが、文学教育をこれまで以上に実りあるものにするだろうと私は考えている。そのため、八つの観点は、詩の創作と受容を関連・往還させるための視点として提案している。

その際、児童詩創作の事例としては一九九〇年代の優れた児童詩教育(小学生に対する詩の創作指導)の実践、詩の受容の教材例としては主として現行版(平成二七年度版)の小学校国語教科書を中心とした教科書教材の詩を取り上げた。なお、大学テキストとしても使用するため、演習用として詩の受容(解釈)に一部省略しているところがある。ご容赦願いたい。

私はもともと児童詩教育の歴史研究を専門としてきた。戦前の児童詩教育史については弥吉菅一らによる優れた研究があるが、戦後の児童詩教育史に関しては今なお解明が待たれている段階である。そこで、第三章に先行研究をふまえつつ私のこれまでの研究成果を縮約し、わが国の児童詩教育史としてまとめた。

戦後の児童詩教育史を検討するにあたり、私はその節目の一つが一九六〇年代にあるとみて、松本利昭、稲村謙一、滑川道夫の著述を手がかりに検討を加えた。また、まだほとんど手つかずの一九八〇年代以降の児童詩教育史についてもその概略を述べた。巻末には一九六〇年から二〇一〇年までの児童詩教育文献年表を示した。今後の児童詩教育史や文学教育史の研究の基礎になればと思う。

以上、極めて狭くて浅い範囲での分析と考察ではあるが、子どもにとっての詩や詩のありか、そして国語教育との関わりについて検討し、提案した。読者の方々からの忌憚ないご批正・ご批評をいただけたら幸いである。

目次

はじめに　2

第一章　創作指導の側から考える詩の教材性

第一節　詩教育の現状と課題

(1) 詩の現在と詩教育の課題　12

(2) 教科書における創作教材と読み教材との乖離・断絶　18

第二節　創作指導と受容指導の関連・往還のために

(1) 創作と受容との関連・往還をめざした詩の教材性と教材編成　44

(2) 「創作のレトリック」に基づく教材性と教材編成　64

第二章「創作のレトリック」を活かす詩の創作と受容

第一節 「わたし」を変換して見える世界を広げる——視点・語り手——

(1) 創作のレトリックとしての「視点・語り手」 78
(2) 「視点・語り手」を活かした詩の創作 80
(3) 「視点・語り手」でつなぐ詩の受容 88

第二節 矛盾の向こう側を見つめて常識を超える——発想・認識——

(1) 創作のレトリックとしての「発想・認識」 92
(2) 「発想・認識」を活かした詩の創作 97
(3) 「発想・認識」でつなぐ詩の受容 102

コラム 現代児童詩を読む① ——詩人の発想・子どもの発想—— 111

第三節 現実を変形させてまだ見ぬ世界を創造する——想像・イメージ——

(1) 創作のレトリックとしての「想像・イメージ」 117
(2) 「想像・イメージ」を活かした詩の創作 120
(3) 「想像・イメージ」でつなぐ詩の受容 128

第四節　異質な言葉を結び付けて新しい意味を紡ぎ出す――比喩・象徴――
(1)　創作のレトリックとしての「比喩・象徴」　136
(2)　「比喩・象徴」を活かした詩の創作　139
(3)　「比喩・象徴」でつなぐ詩の受容　145
コラム　現代児童詩を読む②　――創作における「感動」のありか――　151
第五節　感覚と言葉とが初めて出会う現場に分け入る――オノマトペ――
(1)　創作のレトリックとしての「オノマトペ」　156
(2)　「オノマトペ」を活かした詩の創作　159
(3)　「オノマトベ」でつなぐ詩の受容　163
第六節　声に出して「からだ」と「居場所」を取り戻す――音韻・リズム――
(1)　創作のレトリックとしての「音韻・リズム」　168
(2)　「音韻・リズム」を活かした詩の創作　174
(3)　「音韻・リズム」でつなぐ詩の受容　178
コラム　現代児童詩を読む③　――ことば遊びが「詩」になるとき――　182

第七節　漢字と戯れ、文字をオブジェとして眺める――文字・フォルム―― 188
(1)　創作のレトリックとしての「文字・フォルム」 188
(2)　「文字・フォルム」を活かした詩の創作 193
(3)　「文字・フォルム」でつなぐ詩の受容 198
第八節　ふるさと言葉に切り替えてそのキャラクターになる――方言・語り口―― 204
(1)　創作のレトリックとしての「方言・語り口」 204
(2)　「方言・語り口」を活かした詩の創作 210
(3)　「方言・語り口」でつなぐ詩の受容 214
コラム　現代児童詩を読む④　――「方言話者意識」の発達―― 223

第三章　わが国の児童詩教育の歴史

第一節　わが国の児童詩教育とその歴史 232
第二節　一九五〇年代までの児童詩教育 235
(1)　童謡・児童自由詩（一九二〇年代～） 235
(2)　児童生活詩（一九四〇年代～） 241

第三節　一九六〇年代の児童詩教育の対立（「児童生活詩」と「主体的児童詩」）
(1)　シュールレアリズムの児童詩教育への応用　248
(2)　松本利昭の児童詩教育論　253
(3)　稲村謙一の児童詩教育論　259
(4)　滑川道夫の児童詩教育論　266
第四節　一九七〇年代以降の児童詩教育
(1)　一九七〇年代の児童詩教育（「主体的児童詩」のその後）　278
(2)　一九八〇年代の児童詩教育（「ことば遊び」の台頭）　285
(3)　一九九〇〜二〇〇〇年代の児童詩教育（「第三の世界」の児童詩の展開、他）　299
付録　児童詩教育史文献年表　305
おわりに　322
初出一覧　325
索引　326

本書で取り上げた主な詩

〈第一章〉

阪田寛夫「ペンペン草」、まど・みちお「もやし」、工藤直子「しんぴんのあさ」「ひかりとやみ」(『のはらうた』より)

〈第二章〉

第一節 工藤直子「おれはかまきり」(『のはらうた』より)、川崎洋「てんとうむし」、阪田寛夫「ぼくは川」、草野心平「春のうた」

第二節 黒田三郎「紙風船」、金子みすゞ「犬」「ふしぎ」「大漁」、まど・みちお「ニンジン」「ケムシ」「ミミズ」「いちばんぼし」「ぼくがここに」「タマネギ」

第三節 谷川俊太郎「かえるのぴょん」、マザーグースより「世界中の海が」、神沢利子「紙ひこうき」、藤井要「千枚田」

第四節 野呂昶「ゆうひのてがみ」、阪田寛夫「夕日がせなかをおしてくる」、三好達治「雪」、まど・みちお「イナゴ」

第五節 岸田衿子「いろんなおとのあめ」、阪田寛夫「おおきくなあれ」、武鹿悦子「はくさいぎしぎし」

第六節 谷川俊太郎「かっぱ」「やんま」、ねじめ正一「あいうえおにぎり」、谷川俊太郎「いるか」「ののはな」

第七節 春山行夫「*(白い少女)」、山村暮鳥「風景 純銀もざいく」、島田陽子「おおきな木」、藤哲生「とびばこだんだん」

第八節 島田陽子「へんなまち」「おんなの子のマーチ」「うち知ってんねん」、照屋林賢「春でぇむん」、一戸謙三「麗日(オデンキ)」、高木恭造「吹雪(フギ)」、伊奈かっぺい「遅刻(ばんざい)」

第一章

創作指導の側から考える詩の教材性

第一節　詩教育の現状と課題

(1)　詩の現在と詩教育の課題

詩が教育にとってどのような意味や機能があるのかを考えようとするとき、その前提として、現代において詩がどのような状況にあるのかを確認しておく必要がある。それは、詩の学習指導というものが実用的な言語能力の育成とは対極に位置づく非実用的な営みだからである。そこでは、役に立つか立たないかというだけのレベルを超えた価値ある学習指導の世界をどう切り開いてゆけるかが問われてくる。なかでも、母語教育としての国語教育では、私たちが生きている社会や普段使っている言葉と詩の言葉とがどういった関係にあるかということが中心的な課題となる。その意味で、詩の学習指導に取り組む場合、どんな指導者もこの問題から逃れることは許されず、指導のたびに絶えずこの問題と対峙する姿勢がもとめられる。

ところで、こうした問題を現代詩研究を手がかりに検討してみると、一九七〇年代から八〇年代の現代詩の状況について述べた澤正宏の発言がある。(注1)

一九七〇年後半から八〇年代にかけて、現代詩の言葉はその質を転換させて来ている。高度経済成長のあとに次ぐ、高度消費社会の出現、これと対照的な、六〇年代、七〇年代に代表された、政治的・思想的イデオロギーの対立の衰退化、また、これらを基盤として大きく変容した文化や価値観は、詩の言葉に変質をもたらしたといってよい。（中略）日々現実に起きている事件のもつリアリティーは、詩の言葉のもつリアリティーを確実に超え、言葉の浮遊、言葉の拡散といった現象が当然のことになった。

澤は、一九七〇年代から八〇年代にかけて現代詩の言葉がその質を変質させてきているとし、その理由として高度消費社会の出現と政治的・思想的イデオロギーの対立の衰退化などを挙げている。とりわけ、八〇年代に文化や芸術、メディアなどさまざまな局面で起こったアナログからデジタルへの急速な変化は、大量の情報の氾濫をもたらすとともに、澤が述べるように私たちのリアリティーの感覚を大きく変容させた。その結果を澤は、「言葉の浮遊、言葉の拡散といった現象」という表現で指摘している。その意味で、今、ポエジーや詩の言葉は、文化や芸術の特権的な位置から滑り落ちて、いまや私たちの日常のなかに浮遊し拡散してしまっている。

また、和田博文は、八〇年代以降の現代詩の状況を次のように述べる。(注2)

一九八〇年代以降は、それまでの荒地／シュルレアリスムの二つを主脈とする現代詩のイメージの修正を不可避的に迫られることになっていたわけである。こうした世代交代の過程で詩集の出版そのものが滞ったわけでもなく、新しい作者たちはむしろ従来以上に賑わしく輩出された。しかし良くも

注1　澤正宏「現代詩の諸相2　言葉の浮遊、言葉の拡散」（浅井清・佐藤勝・篠弘・鳥居邦朗・松井利彦・武川忠一・吉田凞生編『新研究資料現代日本文学　第七巻　詩』（明治書院　二〇〇〇年）二五頁
注2　和田博文編『近現代詩を学ぶ人のために』（世界思想社　一九九八年）二六六頁

悪くも詩史的な見通しは曖昧になり、中心のない多様化の時代になだれ込んでいったのが八〇年代以後の現代詩の状況であった。

「荒地」（引用者注　詩誌の名称）とは、戦後日本における詩の社会的意味を重視した現代詩の一群を指し、「シュルレアリスム」とは現代詩における普遍的な芸術的価値を重視した一群を指しているものと思われるが、そうした主流派をなす現代詩の存在やそれらの対立などが八〇年代以降はすべて無化していったことが述べられる。この時期は国際社会において東西冷戦が終結した時期とも重なっており、思想的イデオロギーの対立の衰退化という澤の指摘とも重なる。さらにいえば、当時のわが国全体もバブル経済のなかで狂奔し、あらゆる権威や価値が相対化された「中心のない多様化の時代」にのめり込んでいった時期であった。

七〇年代から八〇年代以降におけるこうした状況について、谷川俊太郎は詩人の立場から次のように述べている。(注3)

昔に比べると、いまは創作のメディアというものが広がってきている。われわれの世代では、創造的な魂を持った人間というのは、文学のほうでいくと小説を書くか詩を書くかしかなかったし、そうでなければ美校を受けるか音大を受けるか、劇団の研究生になるとか、すごくはっきりしていた。ところが、いま、周囲の若い人たちを見ると、ものをつくりたいというちょっとはずれた魂を持っている人たちは、ものすごくたくさんのメディアを持っているのね。（中略）だから詩人的な才能を持っている人も、ほんとに優秀な人は、もしかするとコピー・ライターになっちゃってるかもしれないというふうな、そういう形の一種の拡散があるのね。

谷川も、当時における「創作のメディア」の広がりを自覚し、若い人たちには発表の場としてのたくさんのメディアがあるとする。ここではコピー・ライターがその広がりの例として挙げられているが、この発言は一九八〇年代のものである。二〇一〇年代の現在では、映像技術のさらなる発達とインターネットの世界的な普及を受けて、創作の方法や場は当時よりも飛躍的に広がっているといえる。谷川のいう「拡散」という現象も、いっそう進んでいると判断される。

また二〇〇〇年代に入ると、谷川の指摘はさらに次のように発展していく。(注4)

いま言葉が置かれてる状況を、僕の一種生理的な感覚を含めて言うと、言葉の絶対量が急激に増大しているというのがまずありますね。これは日本語に限らず世界的にだと思うんですけど、もっと昔に遡って印刷術が開発される前はほとんど音声でしか伝達されなかったわけだから、言語というのは大体すぐ消えていってしまうものだった。個人の記憶の中にしかなかったわけだから、流通している言語って相当少なかったと思うんです。人間が活動している範囲もせいぜい小さな共同体の中だったから、肉声で話すだけで用が足りていた。それがあるとき印刷術が発明されて、活字が発明されて、印刷メディアが出来、本が出来たりして、複製が可能になってだんだん言語の量が増えていった。それがいい加減飽和したところに電子メディアが追い討ちをかけて、いまや電子メディア上での言語の

注3　大岡信・谷川俊太郎『対談　現代詩入門　ことば・日本語・詩』（思潮社　二〇〇六年）二八頁　なお、この対談の初出は、大岡信・谷川俊太郎『対談　現代詩入門』（中央公論社　一九八五年）である。

注4　谷川俊太郎＋和合亮一『にほんごの話』（青土社　二〇一〇年）六五～六六頁

量はすごいことになっている。

谷川は、現代における言葉の状況を「言葉の絶対量が急激に増大している」という。それは、先にものべたように、言語が印刷された紙という媒体で流布される時代から、パソコンやスマートフォンなどを通じてデジタルデータで流布し、拡散される時代に変わっていったことを指している。たしかに、今やインターネットを通して世界中のさまざまな情報源とアクセスが可能となり、一生かかっても見聞きできないであろう情報と日々向き合わざるを得なくなっているというのが、私たちのおかれた状況である。谷川はそうした「言葉の絶対量が急激に増大し」たことにより、次のような問題が起こっているとする。(注5)

まだ「荒地」の頃は詩がストックでありえたという気がするんだけど、いまは詩が全部フローになっていると思うんです。詩だけじゃなくてほとんどの言語がフローになってしまっている。それはなぜかと言えば、情報が主流の言語が多いからですね。情報言語に対して文学言語というものは絶対流れ去らないで、本来はストックになるべきものであって、実際優れた古典というのは全部ストックとして立ち止まってるわけです。だけどいまの詩は、そういうストックになりえない。どんなにいい詩を書いても、古典になりえないっていう気がするんです。これは詩人の力量のせいではなくて、全世界的な言語状況のせいだと僕は思っているんですけど。

その結果、詩にかぎらずほとんどの言葉が「ストック（引用者注　蓄積され活用されるもの）」ではなく、「フロー（引用者注　流れ去り消えていくもの）になってしまっている」と谷川は言う。そしてそれは「全世界的な言語状況」であるとする。言語をその量の面から捉えると絶対的な量が増大し、一方、言語を質の側面から捉えると「フロー（流れ去るもの）」になってしまっているとする認識がここにはある。かなり悲観的な見方であることにはまちがいないが、しかしこれに正面から反論できない状況が私たちの周りにあるのも事実である。

こうした詩の状況・言葉の状況をふまえ、母語教育としての国語教育は、詩とどのように対峙し、詩を教材としてどのように捉えて学習者に提供していくべきであろうか。

それは、これまでの諸氏の発言を受けるなら、拡散し浮遊しフローと化した詩と言葉とを学習指導の場でもう一度取り戻すことであろう。詩と言葉が拡散・浮遊しフローと化しているということは、じつは私たちの生そのものが拡散・浮遊しフロー化していることに他ならないという認識が、今、私たちには必要ではないかと思う。

そのために私たちがすべきことは、すぐれた詩を教材としながら、私たち自身が言葉で日常に立ち止まり、言葉で日常を見つめ直すことである。そして、母語教育としての国語教育においては、これまで述べてきたような社会状況のなかで、学習者が将来、学習者自身の力でポエジーを見いだしたり言葉に立ち止まったりできるようにすることである。その意味で、詩教育の現代的課題とは、言葉で日常に立ち止まったり見つめたりすることで、学習者が自身にとっての「生きることのリアリティー」を回復・再生したり創造したりできるようにすることであると私は考えている。

注5　注4に同じ。六六頁

(2) 教科書における創作教材と読み教材との乖離・断絶

① 詩の創作教材の変化

次に、現行の教科書教材の側から詩教育の課題を考えてみることにする。その際、大人が子ども向けに創作した詩を「少年詩」、子ども自身が創作した詩を「児童詩」と区別することとする。

平成二七年四月、平成二〇年版の小学校学習指導要領に準拠する教科書が一部改変され、全国で使用された。本書を執筆している時点では最新の検定教科書である。

全国で使用されるこれら五社の小学校国語教科書すべてを確認してみると、詩の創作に関する教材、いわゆる児童詩の教材において、興味深い結果となった。上に示す「表1」がその結果である。これを見てまずわかるのは、児童詩の創作単元が五年生以上にはほとんどないことである。また、掲載数にも出版社による違いがみられる。具体的には、五社のうち、かつてのように児童詩の創作単元をすべての学年に掲載している教科書は一社も存在せず、単元数の順にいえば学図が五本、光村が二本、教出・三省・東書に至っては一本のみであった。なお、△は短歌や俳句の創作単元を意味し、児童詩

表1

	学図	教出	三省	光村	東書
1年	●				
2年	●			●	
3年	●	●			●
4年	●		●	●	
5年	△	△	△		△
6年	●		△	△	

△は，俳句・短歌の創作単元
●は，児童詩の創作単元

の創作単元とは別に扱っている。

この背景には、平成二〇年版の学習指導要領において、言語活動例が指導事項として格上げされ、各学年に具体的に示されたという事実がある。その際、詩の創作は、第三学年及び第四学年の「書くこと」の領域の言語活動として示された。これに基づいて、必要最低限に児童詩の創作単元を設定したのが教出・三省・東書の教科書であり、三省と東書について言えば、学習指導要領を完全実施した年である平成二三年度版教科書からすでに最低限の分量であった。ちなみに、短歌や俳句の創作は第五学年及び第六学年の言語活動例として示されており、それを受けて各社の高学年には、かならず短歌や俳句の創作単元が設定されている。

比較のために、「表2」として、平成一〇年版の学習指導要領に準拠した平成一四年度版小学校国語教科書における児童詩の創作単元、「表3」には平成元年版の学習指導要領に準拠した平成四年度版の小学校国語教科書における児童詩の創作単元の掲載状況をまとめてみた。

表2

	学図	教出	大書	日書	光村	東書
1年	●	●	●	●		
2年	●	●	●	●		
3年	●	●	●	●		
4年	●	●	●	●	●	
5年	●	●	●	●		
6年	●	●	●	●	●	

表3

	学図	教出	大書	日書	光村	東書
1年	●	●	●	●	●	
2年	●	●	●	●	●	
3年	●	●	●	●	●	
4年	●	●	●	●	●	
5年	●	●	●	●	●	●
6年	●	●	●	●	●	

このように、小学校国語教科書全体としてみれば、平成四年度版から二七年度版へと、次第に児童詩の創作単元が減少傾向にあることがわかる。すなわち、（東京書籍が児童詩の創作単元を重視しない方針を唯一貫いていた点は別として、）光村図書が平成一四年度版教科書から児童詩の創作単元を三分の一に削減した。また、児童詩の創作単元を全学年に設定していた大阪書籍、日本書籍が平成二三年度版以降は小学校国語教科書から撤退し、代わって新規参入した三省堂も平成二三年度版教科書以降は児童詩の創作単元を学習指導要領に示された最低限のレベルでしか掲載しない方針をとった。そして、教育出版も平成二七年度版で東京書籍や三省堂に追随し、児童詩の創作単元をすべての学年に掲載してきた学校図書も、学習指導要領が小学校の高学年に短歌や俳句の創作を求めたことを受けて、高学年の児童詩の創作詩の単元を削減しているのであった。

その一方で、読み教材としての詩の単元は、学習指導要領が改訂されても、どの社もすべての学年にかならず数篇の教材を掲載しているという状況には変わりがなかった。

すなわち、こうした教材編成の変化は、詩が教科書教材として取り上げられるにあたって、児童詩の創作単元だけが平成二〇年版の学習指導要領の完全実施以降、かつてのような全学年で取り組むような位置や役割を持ち得なくなり始めてきていることを意味している。

次に、現行の小学校国語教科書を発行している五社のうち、平成一四年度版の教科書から教材数を減少させてきた光村図書の教科書を例に、現在の児童詩創作の単元が内容的にどうなっているかを確認してみる。「表1」に示したように、平成二七年度版の光村図書では、二年生と四年生に児童詩の創作単元が設定されている。二年生の単元は次のようなものである。

詩《し》を作ろう　見たこと、かんじたこと

ペンペン草

さかた　ひろお

ペンペン草を
ふってみた
ペンペンペンって
鳴るかと思った

ペンペン草を
ふってみた
耳たぶがすこし
くすぐったかった

もやし

まど・みちお

うえを
したへの
おおさわぎ

このように、見たことやかんじたことを、みじかく書きあらわしたものを、詩といいます。
つぎの詩は、みなさんと同じ二年生の作った詩です。

きゅうり

ゆきしげ　みさき

きゅうりさん
おこっているの
とげ出して

バスケットゴール

しろとり　みゆう

はじめて、シュートが

入ったとき
スパッ
といい音
しちゃったね。

あなたも、わくわくしたり、どきどきしたり、はっとしたことを、詩にしてみましょう。

〈キャラクターせりふ〉
大なわとびをして、どきどきしたことを書こう。
おなかがすいたときのことも、詩になるのかな。
ようすをあらわすことばをつかってみようかな。

阪田寛夫「ぺンぺン草」、まど・みちお「もやし」を例に子どもたちに詩を理解させ、二篇の児童詩を例に創作をうながしている。具体的には、詩を「見たことやかんじたことを、みじかく書きあらわしたもの」とし、「わくわくしたり、どきどきしたり、はっとしたこと」を詩に書くように促している。題材選びや表現方法のアドバイスとして、「大なわとびをして、どきどきしたこと」「おなかがすいたときのこと」「ようすをあらわすことばをつかって」などが示されている。

掲載された二篇の児童詩の例をみるかぎり、ふだんの生活で感じた心のゆれを敏感に感じ取って端的に書くことが期待されているといえる。日常生活における新鮮な驚きや素直な発見を短い言葉であらわすことが期待されているという意味で、低学年におけるオーソドックスな児童詩の創作を求める単元であるといえる。

ところが、四年生の単元になると、その内容は次のように大きく変化する。

詩《し》を楽しもう　のはらうた

野原には、たくさんの住人がいます。野原のみんなは、ふだん、どんなことを考えたり感じたりしているでしょう。

詩人の工藤直子《くどうなおこ》さんが、野原の仲間たちの声をとどけてくれました。みんなの声に、耳をかたむけてみましょう。

しんぴんのあさ

かたつむりでんきち

まいにち　おんなじみたいだけど
まいにち　いろんなことがおこる
こりゃおどろいた　おやびっくり
へへえなるほどな　ふうんそうか
まいにち　しんぴんのあさがきて
ぼくのめ　まいにちびっくりめ！

つんつんのばして　びっくりめ！

ひかりと　やみ
　　　ふくろうげんぞう

みあげれば
よぞらの　ほしが
まつりのように　まぶしい

ああ
ひかるためには
くらやみも　ひつようだ

（以下二篇略）

四年生では、創作単元の前に読み単元が設定されている。取り上げられているのは工藤直子の「のはらうた」である。その登場以来、全国の小学校国語科で広く教材として取り上げられている人気の少年詩教材で

ある。（注6）

教科書には、「のはらうた」から、かたつむりでんきち「しんぴんのあさ」、ふくろうげんぞう「ひかりとやみ」など四篇が選択されている。この二篇にかぎらず、「のはらうた」に収められているすべての詩は、作者である工藤直子が「野原の住人」という架空の人物になりきって（語り手として）、その思いやようすを想像しながらイメージ豊かに創作しているところに特徴がある。

それぞれの作品をみると、「しんぴんのあさ」では、「まいにち　おんなじみたいだけど／まいにち　いろんなことがおこる」と、日々を新鮮なまなざしで捉えること（捉え直すこと）の魅力が語られている。語り手は「かたつむり」であることから、一見、動きが鈍く敏感にものごとに反応できないようにみえる生き物をあえて設定することで、逆にそういう生き物だからこそ物事をじっくり捉えるような新鮮な感覚が内在していることを描いている。一方の「ひかりと　やみ」では、「ひかるためには／くらやみも　ひつようだ」と、見えないものに目を向けることの意味や価値が語られている。語り手は「ふくろう」。この作品も、夜を主な活動時間としている動物をあえて語り手にすることで、夜だからこそ感じられる闇の価値に鋭く気づく魅力的な人物を描き出すことに成功している。

このように、日常を新鮮な目で捉え直すことの魅力やふだんは見逃しているようなことにも目を向けることの価値などを作品を通して理解させようとしているのが読み教材の特徴といえる。そして、この読み単元のすぐあとに創作単元が設定される。次のようなものである。

詩《し》を書こう　野原に集まれ

工藤直子《くどうなおこ》さんは、詩集「のはらうた」で、たくさんの野原の仲間たちの声をとどけてくれています。あなたも、野原のだれかになって、考えたことや感じたことを詩にしましょう。

〈工藤直子コメント〉「のはらむら」には、まだまだたくさんの仲間がいるよ。あなたも、「なりたい」仲間を見つけてね。（工藤直子さん）

1　だれになるかを考えよう。

野原には、どんな仲間がいるでしょう。思いうかべてみましょう。

・動物　・虫　・植物

・太陽や星、雲など、空に関係するもの

・池、水たまりなど、地面にあるもの

思いうかべたものの中から、あなたがなりたいものを見つけましょう。

2　どんな人物かを考えよう。

選んだものになりきってみましょう。

注6　後注（43ページ参照）

・どんなことを思っていますか。
・何が見えたり聞こえたりしますか。
そのものになりきって、となりの人と話したり、体を動かしたりすると、選んだ人物のことが、もっとよく分かります。

3 詩を書こう。

なりきって思ったことを、書き出しましょう。それらを、組み合わせたり、別の言葉に言いかえたり、調子を整えたりしましょう。楽しんで、詩を書きましょう。

4 詩をしょうかいしよう。

みんなで、詩をしょうかいしましょう。たがいの作品の感想や、よいところを伝え合いましょう。大きな紙に、野原の地図をかき、みんなの詩をカードに書いてはっても楽しいですね。

この創作単元「野原に集まれ」には、創作の手順が丁寧に示されている。「1 だれになるかを考えよう。」「2 どんな人物かを考えよう。」「3 詩を書こう。」「4 詩をしょうかいしよう。」がその手順である。これをみると、創作のモデルとしての「のはらうた」がこれまでの児童詩とは大きく異なるだけに、その創作方法もこれまでの児童詩の創作方法とは異なっていることがわかる。

これまでの児童詩の創作では「書くこと」の指導事項である題材や取材の学習が最初に設定されるものだが、この単元では「だれになるか」が最初の手順となっている。すなわち、書き手である子どもが「架空の（虚構の）語り手」を設定するところから創作が始められている。ここが、一般的な児童詩の創作とは決定的に異なる点である。これまでの児童詩は、同じ一人称の話者を設定していても、それは「実作者」、「実人物」としての「わたし」であり、そうした実体としての「わたし」の目や心が感じ取ったものを創作において表現するという方法がとられていたからである。

そして、この創作単元ではその後、「どんな人物か」をその人物になりきって考えることで創作していく過程に入っていく。そこでは、「どんなことを思って」いるか、「何が見えたり聞こえたり」しているかを考えさせていく。もちろん架空の人物のことであるから、書き手である子どもはそこでその人物らしさを念頭に置きながら、イメージ豊かに人物の内面や場面のようすを想像することになる。「となりの人と話したり、体を動かしたり」など、イメージを豊かに広げるための丁寧な手だても特徴的である。そこで描かれる世界では、現実世界や過去の事実が取り上げられるのではなく、書き手の想像世界が豊かに保償されている。しかしながら、あくまでも架空に設定されたその人物らしさも同時に求められるため、書き手の子どもにとっての経験や知識に裏打ちされた想像の世界が描かれていくことになる。そして、最後には、そうした得られたイメージを詩の形に整え、出来上がった作品を交流する段階に入っていく。

こうしてみると、これまでに広く行われていた児童詩の創作に比べ、この単元の児童詩の創作は、架空の（虚構の）語り手を最初に設定していること、そして、その人物らしさやその人物の内面やようすを豊かに想像させているところに大きな違いや特徴が認められる。これまでの児童詩の創作は、架空の（虚構の）語り手を設定するということはなく、もっぱら実際の（現実の）人物としての「わたし」が語り手であった。そして、生活の経験や事実から得られた発見や思いを素直に描き出したり述べたりすることが求められた。その際、感動の元となった生活の事実からかけ離れたような想像を描くことは創作においては極力排除されてきた。その意味で、これまでの児童詩とは明らかに質的に異なる詩の創作を求めているのが、創作単元「野原に集まれ」の特徴であった。すなわち、光村図書においては、児童詩の創作単元は、量的に減少しただけでなく、残った単元もその質を大きく変えているといえる。

かつて私は、「のはらうた」を元にしたこうした児童詩創作の特性について、三冊の『子どもがつくるのはらうた』を取り上げて、「わたしを異化する」方法が内在している点、結果として「創作的な自画像」が生まれる点を指摘したことがある。(注7) 「わたしを異化する」とは、「のはらうた」の方法には、実作者・実人物としての私ではない視点に書き手を立たせることによって創作において新しい語りの視点を与える方法が内在しているということである。作文指導などにおいて「変身作文」とか「なりきり作文」などと呼ばれてきたこの方法、すなわち、虚構の語り手を設定し、その人物に語らせるという方法は、一見、簡単で単純な方法に思えるのだが、教科書教材における児童詩教育の歴史に位置づけてみると詩の創作指導における「虚構の語り手」の誕生・創出という意味において画期的といっても過言ではない方法でもあった。

それは、この方法によって児童詩は実作者・実人物の目から描くという制約から解放され、より豊かな想像的な創造が保償されたからであった。そして、その一方で、その人物らしさを描くという隠れた創作の条件によって、架空の人物を設定することがたんなる空想や妄想に陥らないようにブレーキもかけられていた。その結果、書き手である子どもにとっての架空の人物（生き物）に関する知識や経験とそれを自分がどう捉えたかという認識とがないまぜになった想像世界が創造されることになった。それは同時に書き手であるその子自身の姿が間接的に表れた「創作的自画像」とでも呼ぶべき特徴をもつものになっていったのであった。

ところで、光村図書もかつては各学年に児童詩の創作単元を設定していた時期があった。それは、19ページの「表3」に示した平成元年度版の学習指導要領に準拠した平成四年度版の小学校国語教科書である。平成四年度版の教科書では、各学年の「下巻」に、「詩の広場」という単元名で児童詩の創作単元が設定されていた。各学年の教材として掲載された児童詩作品（各単元の最初に掲載されているもの）をまとめて示すと、次のようになる。

一年

びっくり

なかたに　ひでき

メジャーで
むねはかるとき、
むずむずしちゃった。
からだのおもさはかるとき、
トランポリンみたい。
ばねがぼよんぼよんした。

二年

たこあげ

たのくら　としお

たこあげをした。
高く、高く、あがった。

注7　児玉忠「『子どもがつくるのはらうた』を読む――『のはらうた』が拓く創作的自画像の世界――」文芸教育研究協議会編「文芸教育　九六号」（新読書社　二〇一一年）

たこが小さく見えた。
ひこうきが、ぼくのたこを
よけていった。

三年

せんたくき

さいとう　みほこ

せんたくきは、
遊園地の
メリーゴーランドみたい。
目が回るほど、
くるくる回っている。
弟の青いズボン、
わたしの赤いスカート、
お母さんの黄色いブラウス。
みんな、
持ちよさそうに
回っている。

四年

わたしの名前

貞方《さだかた》　佐知子《さちこ》

わたしの名前はさちこ。
イニシャルでＳ《エス》。
お姉ちゃんの名前はのりこ。
イニシャルでＮ《エヌ》。
あれ、
ＮとＳ。
どこかで
聞いたことがある。
あっ、磁《じ》石だ。
ＮとＳでは
引き合うはずなのに、
わたしたちは
いつもけんかをする。
磁石じゃないから、
けんかをするのかな。

五年

道

永田《ながた》　翠《みどり》

学校の帰りがおそくなった。
歩き慣れた道なのに、
家がとっても遠い。
うす暗い道に冷たい風がふく。
心細くなったわたしの足は、
だんだん速くなってくる。
やっと家に帰ったら、
ご飯のにおいがした。

六年

わたしはわたし

大森《おおもり》　緑子《みどりこ》

わたしは父でもあり、
わたしは母でもあり、
わたしは姉でもあり、
わたしは祖父でもあり、

わたしは祖母でもあり、
わたしは祖母の姉妹《しまい》でもあり、
しかし、
わたしはわたしである。

これらの作品は、全国で広く創作されてきたような先にのべたオーソドックスな児童詩の特徴をどれもそなえたものである。すなわち、実人物としての「わたし」の目にうつる生活の事実・現実が題材となった詩である。そして、創作の手引きとして示されたものも、まとめて示すと次の通りである。

一年・しのひろば
◇見たことやおもったことを、みじかい文でかいてみましょう。
二年・詩《し》の広場
◇気づいたことやかんじたことを書きましょう。
◇ものの形、音、ようすなどにちゅういして書きましょう。
三年・詩の広場
◇見たり聞いたり、感じたりしたとおりに書きましょう。
◇「――みたいだ。」「――のようだ。」のように、たとえる言い方を使って書いてみましょう。
四年・詩の広場
◇心に強く残ったことや、不思議に思ったことを、詩に書いてみましょう。

◇自分の気持ちにぴったりする言葉を、見つけましょう。

五年・詩の広場

◇毎日の経験の中で、心に強く感じたことを、詩に書いてみよう。感動を伝えるためには、どんなふうに表現を工夫すればいいだろうか。

六年・詩の広場

◇日常生活の中で、ものごとに対する自分の心の動きに注意深く目を向け、感動を大切にして、詩を書こう。書くときは、効果的に表現するために、構成や言葉づかいを工夫しよう。

これらの創作の手引きを見ても、「生活（事実）」と「心（感動）」との関係をしっかり見つめ描くことを推奨するきわめてオーソドックスなものであり、「虚構（架空）の語り手」や別の人物になりきって「想像」して書くことなどの創作方法は見られないこともわかる。このように、光村図書に注目すれば、平成一〇年の学習指導要領に準拠した平成一四年度版の教科書を境として、オーソドックスな児童詩の創作単元が大幅に削減され、残った単元もその質も大きく変えていることがわかる。

児童詩教育という営みは、もともと戦前の生活綴り方教育からの歴史と伝統をもった小学校における教育文化として、戦後になってからも全国の教師たちが大切に守り育んできたものであった。そのため、その時々の学習指導要領が児童詩をどのように位置づけて記載しようと、ほとんどの教科書会社はすべての学年に児童詩の創作単元を掲載する方針で学校現場のニーズに応えてきた。しかし、今回の教科書の調査結果をふまえて今後を素直に占えば、児童詩の創作単元は教科書においてかつてのような守られた存在として扱われる保証はもはやないのではないかと感じられる。

こうした事態を私たちはどう理解すべきだろうか。検定教科書という、わが国の教育政策と教育現場の実態やニーズとがもっとも切実に出会う場においてこれほどの変化・変質が起こっていることは、それ相応の理由がなくてはならない。もちろん、これまで教育文化、学校文化として全国で創作されていた児童詩の存在、そこで重視されていた豊かな指導内容やすぐれた指導成果そのものは今も否定されるべきではない。しかし、私は、今回わかった教科書における詩の創作単元の変化（減少）の要因は、これまでの児童詩の創作指導の意味や機能が変化したという点に求められるのではないかと思っている。誤解を恐れずに言えば、これまでの児童詩の創作指導のあり方が、時代や社会の変化、それに伴う教育や子どもの変化、児童詩教育の背景にある文化や芸術の変化、なかでも少年詩を含む現代詩の変化などとの間でズレや乖離を起こしているのではないかと考えている。

② 創作指導の側からの読み教材への不満

現在の国語教科書における児童詩の創作単元の変化・変質について、教科書を取り巻くさまざまな状況（社会・文化・詩・子どもなど）とのズレや乖離を起こしていると感じたのは、次のような発言を目にしたことも一因となっている。戦後の児童詩教育界を牽引してきた第一人者である野口茂夫は、昭和五四年度版の学習指導要領に準拠した昭和五七年度版の小学校国語教科書の一部を取り上げ、そこに掲載された詩の読み教材、なかでも韻文やことば遊びの詩に対して次のように述べている。（注8）

注8　野口茂夫「教科書教材の見かた　考えかた」（野口茂夫・綿田三郎・佐藤茂・田嶋定雄『ちからを伸ばす　詩の授業』日本書籍　一九八二年）一八九頁

一年生の入門期から六年生まで、学年をとおしての印象は、まず、ある教科書などはとくに、童謡あるいはことば遊びといったリズミカルな韻文調の教材が、目立って多く取りあげられているということである。そしてそれは、高学年になって文語文の習得のための韻文となり、短歌俳句となる。これをこのままうかつにまねさせるような扱いで終わるとするならば、わたしたちの詩の指導の上からは、まさに逆コース、泣いても泣ききれぬ思いがするということである。

各学年で韻文調の詩、すなわち童謡やことば遊びが取り上げられていることに対して「わたしたちの詩の指導の上からは、まさに逆コース、泣いても泣ききれぬという思いがする」と述べている。リズムのある韻文教材が教科書に掲載されていることは、音読にふさわしい教材が掲載されているものとして現在はだれも批判したりはしないが、野口の思いは別であった。野口はこのあと、韻文教材やことば遊びについて、声に出して読み、そのリズムを楽しむことはいいが、「子どもたちの詩の創作には直接つながらないし、つなげてはならないと肝に銘じたい(注9)」とまで述べている。ここでいう「わたしたちの詩の指導」とは児童詩の創作指導を指すものである。すなわち、韻文調の詩教材が掲載されていることは、児童詩の創作指導にとって有害であるという認識が野口にはあったのであった。では、野口はなぜそれほどまでに韻文調の詩教材を批判するのか。そこには野口の次のような思いがあった(注10)。

一九二九〈昭和4〉年、雑誌『綴方生活』が創刊されるや、しかしこの『赤い鳥』の「児童自由詩」も、白秋の文芸主義、感覚主義が全国の教師たちの批判の的となり、いわゆる「児童生活詩」運動がおこった。子どもの詩は子どものことばで、子ども自身の生活を開拓し、子ども自身を太らせるものでなければならない、とわたしたちはいった。子ども自身が自分のことばで、自分の生活を開拓し、太らせるために詩を書かせるのでなければならないと主張した。やがてそれは、「生活行動詩」の運動となり、一九三七〈昭和12〉年、雑誌『工程』の創刊は、はっきりと「詩を散文で」書かせることを宣言して今日に至っている。(中略)

わたしたちの詩の指導は、やはりこの子どもたちの詩の歴史の上に立って、指導されなければならないと考える。この伝統と歴史をだいじにしないで、今日の子どもたちの詩の指導はないはずである。したがって、ここに教科書の詩教材の扱いについて語るに当たっても、多少当たりさわりがあって失礼かもしれないが、その目で話をすすめることになるだろう。

ここには、児童詩の創作が戦前の生活綴り方の伝統を引き継ぐものであること、そこでは文芸主義、感覚主義が批判されたこと、児童詩の目的が子ども自身の生活を開拓し、太らせるためであること、その方法としては「詩を散文で」書くべきことなどが指摘されている。すなわち、国語科の学習指導として(文学の学習指導として)児童詩の創作指導を捉えるのではなく教科を超えた生活の学習として児童詩の創作指導を捉え、韻文による詩を否定し散文による詩を児童詩として認める態度を野口がもっていることがわかる。これらの思いは、ある意味では、戦前から児童詩教育を牽引してきた多くの教師たちに共通するものであり、それが「逆コース」の意味するところである。

しかしながら、戦前の「童謡」をルーツとするリズムのある韻文調の教材はこれまでも読み教材の一つの

注9　注8に同じ。一九一頁
注10　注8に同じ。一九〇頁

特徴として大切にされてきたものであった。また、その後、一九七三（昭和四八）年の谷川俊太郎『ことばあそびうた』の登場を契機として、一九八〇年代からは教科書の読み教材にかぎらず日本中の国語教室において「ことば遊びの詩」が積極的に取り入れられ始めていた。しかし、野口はこうした詩を創作指導と関連させて指導することには否定的であったようだ。思うに、こうした教科書の読み教材に対する不満、そしてその背後にある韻文を認めないような児童詩観が、少しずつ時代や社会の変化に対してズレや乖離を引き起こしていたのではないだろうか。

さらに、野口茂夫以外にも戦前からの児童詩教育の伝統を重視してきた指導者たちの発言に注目してみると、彼らは一九九〇年代に入ってからも教科書教材については総じて批判的であった。たとえば、秋田県において戦前からの児童詩教育の伝統を重視してきた指導者の一人である原田明美は、平成元年版の学習指導要領に準拠した平成四年度版の教科書のなかから、先にも創作詩の単元を紹介した光村図書の小学校国語の教科書を取り上げ、そこに掲載された読み教材をどう指導すべきかについて次のように述べている。(注11)

では教科書の詩の教材はどのように学習させていくのかということになりますが、まず新教科書（光村）では詩の教材の配列はどのようになっているのかをみることにします。前期用の教科書には各学年共詩人の詩が取り上げられ、全くの鑑賞学習の展開となっているようですし、児童の作品は後期用に「詩の広場」として各二、三編ずつ正式な取上げ方とは思えないような形で上げられております。参考までに前期用教科書からどんな詩が取上げられているか題名と作者の名を拾い上げてみることにします。

○一年「おはようっていいきもち」
○二年「くまさん」　まどみちお　「おなかのへるうた」　阪田　寛夫
○三年「みいつけた」　岸田　衿子　「朝が来ると」　まどみちお
○四年「春の歌」　草野　心平　「屋久島の杉の下」　川崎　洋
○五年「馬でかければ」　水上かずよ　「りんご」　山村　暮鳥
「われは草なり」　高見　順
○六年「短歌・俳句」　（下）「生きる」　谷川俊太郎
「ゆずり葉」　河井　酔名　「えぞまつ」　神沢　利子

以上題名だけを拾い上げましたが、各学年通して読んでみて私などは次のようなとらえ方をさせられたのでした。

○どの作品を読んでも深い感動を味わうことが出来なく、なぜこの学年にこの詩を与えるのか理解出来ないような作品が多い。
○調子のよいリズム（韻をふんだもの）や、言葉の繰返し、言葉遊び的なものなどが多く、子どもが朗読し易いように配慮されているが、内容的に興味をそそったり深い感動を覚え思わず口ずさんでいくといった作品はない。
○リズムはよくても内容は難しくて理解が出来ず、心から鑑賞するといったことは出来ない。

注11　原田明美『どの子にも詩を　――児童詩の考え方と指導の方法――』（私家版　一九九二年）四三～四五頁

○子どもの生活感覚から離れ、教訓的な意味を持つものが多く、自分でも表現してみようという意欲を失わせていく恐れがある。

細かく言ったらまだまだ多くのことが上げられましょうが、こんなとらえ方もまるっきり見当違いとは言えないと思うのです。

紙幅の都合で教材詩の詳細な検討は省略するが、原田が教科書の読み教材に対して創作指導の立場からみて総じて批判的であることはこれをみるだけでもよくわかる。特徴的なのは、先の野口と同様に「調子のよいリズム」「言葉遊び的なもの」を批判の対象として挙げている点である。そして、それを含むすべての読み教材に内容的にも問題があることを述べている。深い感動を味わえない、内容が難しすぎる、生活感覚から離れている、教訓的な意味をもっている、などが批判の理由である。このように、一九九〇年代における原田の発言からも、野口と同様に、戦前からの伝統的な児童詩教育の立場からみると、国語教科書における読み教材はどれも創作指導には生かせないと評価していることがよくわかる。

では、どうすれば教科書における詩の受容指導と創作指導とを関連させることが可能になるのだろうか。私の問題意識はここにある。本来、理想を言えば、詩の受容も詩の創作も「文学教育」という枠組みにおいて一つに括られるべきはずのものだと私は考えている。同じ詩の教育でありながら、受容の詩（少年詩）の詩観と創作の詩（児童詩）の詩観とがそれぞれ別のものであるということは、けっして望ましいことではない。本来の詩教育は、受容指導と創作指導の詩観や教材観が共通の原理でもって語られるべきであり、学習指導の場面でもそこから導かれる教材性は相互に有機的な関連をもちがなら共有されるべきである。

本書は、そうした立場から、詩教育におけるそうした詩観と教材観をもとめて、詩の教材性に関する新しい提案を試みることにある。

後注

注6　工藤直子の「のはらうた」を国語科の教材としてさまざまに取り上げつつ授業実践を収録した先行研究として、井上一郎編著『くどうなおこと子どもたち』（明治図書　二〇〇一年）がある。

第二節　創作指導と受容指導の関連・往還のために

(1)　創作と受容との関連・往還をめざした詩の教材性と教材編成

①　受容指導における詩の教材性と教材編成

創作指導と受容指導の関連・往還を考えるためには、そもそも詩の教材性がどこにあるのかを検討しておく必要がある。そこで、まず最初に読みの詩教材がこれまでどういう観点で分類されてきたのかを確認しておきたい。

少年詩の実作と評論においてすぐれた仕事をしている菊永謙は、「少年詩の現在と可能性　――多様な表現性を秘めるジャンルへ――」と題する論考で、現代における少年詩の広がりを次のようにまとめている。(注1)

今日の子ども向けの詩が、話しことばによる幼年詩、わらべうたを今日風に活かしたうた、ことばあそびやユーモア詩、動植物をはじめ身の回りの事物を対象として新鮮な発見や比喩表現のもたらす事物詩、一篇ないし数篇の連作によるある物語を含んだ世界を詩作品によって展開しふくらませていく物語詩、民話を素材にしたり、民話的な語りをモチーフにした民話詩の試み、高い人生の思念や理想へ導く詩、方言を用いて生活の底辺や人々の日々を歌った方言詩、また方言によるユーモラスな笑いをさそう詩、視覚性を強く意識したビジュアル・ポエトリィの試み、詩による絵本化の試みなどいくつもの詩の方法が模索されている。（傍線引用者）

これは一九七〇年代から二〇〇〇年ごろまでの少年詩の状況を概観して述べられたものである。ここからは、童謡・少年詩といった旧来の分類だけでは収まりきらない様々な詩が広く模索されてきていることがわかる。傍線を数えてみると、十二種類の少年詩がある。一部に重複しているとみられるものもあるが、現代の少年詩がこれだけの詩の「種類」としての広がりをもった存在であることがわかる。この広がりと教科書教材とを比較してみると、教科書にはまだ収録されていないような少年詩があることも同時に理解できる。

こうした創作者の側からの分類に対して、読み手（子ども）の側から少年詩を分類したものに、水内喜久雄による次のような分類がある。(注2)

1　出発にあたって		朝がくると	まど・みちお
たけのこ　ぐん！	武鹿悦子	扉を開けて	折原みと
ひみつ	谷川俊太郎	手紙	鈴木敏史
風	江口あけみ	今日からはじまる	高丸もと子
ふーむの歌	新川和江	スポーツ	鶴見正夫

注1　菊永謙　吉田定一編『少年詩・童謡の現在』（てらいんく　二〇〇三年）七一頁
注2　水内喜久雄編著『子どもといっしょに読みたい詩100』（たんぽぽ出版　二〇〇二年）六～九頁

教室はまちがうところだ　蒔田晋治
2　自然を見つめる
（作品は略、以下同じ）
3　社会を見つめる
4　自分を見つめる
5　人間を見つめる
6　ことばを楽しむ
7　恋のうた
8　詩を楽しむ
9　日本の名詩を読む
10　出発に贈る（傍線引用者）

水内の分類は、「出発」「自然」「社会」「自分」「人間」「ことば」「恋」「詩」「日本の名詩」「出発」の全部で一〇章で、詩の「題材」という点を中心に編成されたものである。二つの「出発（日々の出発・未来への出発）」が最初と最後に置かれ、その間に読者をとりまく世界（自然・社会）、人間（自分・人間）、ことばと心（恋）、さまざまな詩（ことば遊びや日本の名詩など）が配置されている。詩の「題材」という面を中心に、読者である子どものなかで詩が広がったり深まったりしていくように編成されているところにその教材性がある。

なお、水内には、こうした「題材」レベルでの詩を学年発達を意識して編集したアンソロジー（『いま小学生とよみたい70の詩　1・2年』『いま小学生とよみたい70の詩　3・4年』『いま小学生とよみたい70の詩　5・6年』　いずれも、たんぽぽ出版　二〇〇一年）がある。

次に、同じく読者の側からの詩の分類ではあるが、「題材」に注目した分類とは異なる分類によるアンソロジーもある。高丸もと子と牧恵子の共著による『教室で詩を楽しむ30のアイデア104の詩』がそれである。目次は次のようになっている。（注3）

❶口の準備運動をしよう
ことばの　けいこ　　与田準一
早口ことばのうた　　藤田圭雄
はやくちうた　　川崎洋
❷「きまりことば」を楽しもう
（作品は略、以下同じ。）
❸からだいっぱいで詩を楽しもう
❹順のうたで遊ぼう
❺思い切って、詩でけんかしよう
❻歌ったり、踊ったり、作ったりしよう
❼かけあいして詩を楽しもう
❽音を声で楽しもう
❾息を合わせてじゃんけんの詩で遊ぼう
❿いろんな声の出し方で読んでみよう
⓫「だじゃれ」で言葉の響きを楽しもう
⓬声の伴奏をつけたり、繰り返したりして読もう
⓭名前や音を楽しもう
⓮ひらがな一文字からイメージをふくらませよう
⓯音楽会で詩を楽しもう
⓰おっかけ歌でボール遊びをしよう
⓱同音異義語の言葉を広げよう
⓲詩をつなげて絵本を作ろう
⓳アクロスチックの詩にチャレンジしよう
⓴回文・アナグラムを楽しもう
㉑鳴き声に耳をかたむけて遊ぼう
㉒自分にぴったりの読み方で楽しもう
㉓漢字を友だちとして楽しもう
㉔言葉をまねて、反対の世界を楽しもう
㉕オノマトペから「おと」と「ようす」を想像しよう
㉖詩をつなげて劇にしてみよう
㉗詩の持つ気持ちを表現してみよう
㉘題と内容を結びつけよう
㉙俳句・川柳をリズムにのせて読んでみよう
㉚詩をほねぐみに、物語を作ろう

注3　高丸もと子／牧恵子『教室で詩を楽しむ30のアイデア104の詩』（たんぽぽ出版　二〇〇八年）四〜七頁

これは、水内にみられたような詩の「題材」による分類ではなく、詩を用いた読み手の「活動」に注目した分類によるものである。たとえば、「❺思い切って、詩でけんかしよう」、「❻歌ったり、踊ったり、作ったりしよう」、「⓰おっかけ歌でボール遊びをしよう」、「⓲詩をつなげて絵本を作ろう」、「㉖詩をつなげて劇にしてみよう」、「㉚詩をほねぐみに、物語を作ろう」などがその特徴的なものである。従来の創作や受容といった枠組みをふまえつつも、「けんか」「歌」「踊り」「ボール遊び」「絵本作り」「劇」「物語作り」など、それを大きく超えた「活動」がここにはある。詩を素材としてそれをさまざまに活用しながら、詩から広がる豊かな活動の世界を追求しようとしていることがわかる。

さらに、「題材」や「活動」とは異なる観点からの分類として、西郷竹彦による次のような分類がある。（注4）

Ⅰ　誰かになって

1　ぼくは　女？●作者

から　宮入　黎子

きょうね　原田　直友

母をおもう　八木　重吉

知らない子　宮沢　章二

ひばりのす　木下　夕爾

2　わたしは　みのむし●話者

（作品は略、以下同じ。）↖

9　ときと　ばあいで●条件

10　ひびきあわせる●相関

11　つながりをつけて●連環

12　むじゅんということ●矛盾

Ⅳ　ことばのふしぎさ

13　イメージのすじ●展開

14　うそのような　ほんと●ファンタジー

15　ワライ・わらい・笑い●ユーモア・アイロニー

↙3　まっくらけが　やってくる●人物
Ⅱ　たとえてみると
4　わたしは　ちゅぴ　じゃぶ●声喩
5　ゆうひを　ちぎる●比喩
6　おばけなら　いうだろ●活喩
Ⅲ　いろいろな見方・考え方
7　なぜ　くりかえすのか●類比
8　ちがいを　くらべる●対比

Ⅴ　ことばとかたち
16　ことばのおもしろさ●言語・文字
17　いなかことばで●方言詩
18　むかしことばで●文語詩
19　かたちとこころ●詩の形
詩というもの（虚構としての文芸）
―父母、教師の方々に

●のあとに記された観点は、それぞれ、詩の「方法」とでも呼ぶべき観点である。誰が（作者・話者・人物）、対象をどのようにとらえ（声喩・比喩・活喩・類比・対比・条件・相関・連鎖・矛盾）、どのように表すか（展開・ファンタジー・ユーモア・アイロニー）、ということを軸に観点が選択され、編成されている。すなわち、詩における「認識」や「表現」をトータルに包括するものとして詩の「方法」がまとめられているといえる。なお、詩の言語・文字、詩のジャンル（方言詩・文語詩）、詩のフォルムに関する観点、すなわち詩の形式的側面も補足されている。(注5)

こうした詩の「方法・形式」に関する観点や分類は、作者にとってどのように詩を創作するかという側面と、読者がどのように作品を深く読むかという側面の両方に機能する。その意味で、詩の「方法・形式」と

注4　西郷竹彦『子どもと心を見つめる詩』（黎明書房　一九九六年）三～七頁
注5　章末注（76ページ）参照

いう観点やその分類は、創作と受容とを関連・往還させていく詩の教材性として有効性をもつものと考えられる。

②　創作指導における詩の教材性と教材編成

次に、現代のすぐれた指導実践を手がかりに、創作指導の側から詩の教材性や教材編成のあり方についてみてみたい。一九七〇年代から児童詩教育の世界で独自の指導実践を展開してきた人物のひとりに山際鈴子がいる。山際は、大阪児童詩の会という研究会を主宰しながら、魅力的な児童詩の創作指導を次々に展開してきた。それらは、一九九〇年代に三冊の実践記録にまとめられた（第三章を参照のこと）。

そのうちの最初の一冊、山際鈴子『かぎりなく子どもの心に近づきたくて』は次のような目次で構成された。（注6）

第1章　一時間じゅう遊んだ
★〝ことばあそび〟をしながら、言語にたいする感覚を練る。
第2章　せんせい　あのね
★感動表現のことばである形容詞に注目し、感動をこそ書く。
第3章　STOP　STOP　STOP
★事実を見つめ、自分のことばをみつけ表現する。
第4章　なぜ　なぜ　どうして
★疑問も感動である。疑問という感動を書く。

第5章　「まだ」「もう」の大発見や
★副詞の使われ方の違いを手掛かりに、書きたいことをみつける。
第6章　音、みっつけた
★音の違いを聞きわけながら、新しい見方をみつける。
第7章　わすれようわすれようとしてもわすれられない
★不快の感情も感動である。自分の心をみつめる。
第8章　時間よ　とまれ
★事実を見つめ続け、新しい見方をみつける。
第9章　もしも……
★想像力を働かせて考え、事実を見る目を確かにする。
第10章　連想から始めよう
★〝ことばあそび〟から始め、事実をみる目を養う。
第11章　ひみつをさぐれ
★心の中で思っていることは、何を書いてもいい。
第12章　「反対ことば」からの大発見や
★同じものなのに違って見えるものを見つけ、たとえを使って書く。
第13章　どんな自分に成長したい

注6　山際鈴子『かぎりなく子どもの心に近づきたくて』（教育出版センター　一九九〇年）四～六頁

第14章　自分のコマーシャル
★ものの特質を見つけ、自分の思いを重ねて書く。
第15章　イスにすわって
★自分を見つめながら、〝ことばあそび〟をする。
第16章　先生、けむしや、けむしやで
★事実を見つめ続ける。違った見方が見えてくる。
第17章　大阪弁で話そう
★焦点を決めて見つめ、たとえを使って書く。
第18章　お話　してね
★いつも話していることを、いつも使っていることばで書く。
第19章　ＳＯＭＥＴＨＩＮＧ　ＮＥＷ
★感動したら、自然に大声で言ってしまった。
第20章　耳をつけて　聞く。抱きしめて　聞く。
★事実を見つめ続け、新しい見方を発見する。
★想像力を働かせて見つめ続け、ものの特質を発見する。

この目次からは、全部で二〇単元のさまざまな創作指導の記録がまとめられていることがわかる。では、これらはどういう観点で編成された単元だろうか。先ほど読み教材の例では、詩の「種類」、詩の「題材」、詩を用いた「活動」、認識や表現を含む詩の「方法・形式」がその編成の観点であったが、山際の創作単元は、このなかから言えば詩のレトリックを中心とする「方法」を含むものが多い。

なかでも、特徴として「発想や認識」、とくに「ものの見方」に注目した創作単元が多いことがあげられる。たとえば、各章のタイトルに添えられたコメントには、「ものの見方」に関わる言葉が頻出している。「見る（第9・10章）」「見つめる（第3・7・8・14・15・16・19・20章）」「見える（第12・15章）」「見つける・発見する（第3・5・6・8・13・19・20章、」「見方（第6・8・15・19章）」などがそれである。また、「形容詞（第2章）」「副詞（第5章）」「ことばあそび（第1・10・14章）」など、言葉そのものを創作の契機や方法としている点、「想像力（第9・20章）」を取り上げている点も特徴的である。このように、山際の創作指導論の主たる特徴は、詩的な「ものの見方」、すなわち詩的な「発想や認識」を重視した単元を設定しているところにあるといえる。

一九九〇年代の優れた創作指導論には、このほかに白谷明美のものがある。白谷は、それまでの自らの指導を最初の著書『子ども・詩の国探検』にまとめて刊行した。その目次は次の通りである。(注7)

第一部　詩の生まれるまで
一　ことばの国の探検
1　ことばあそび
(1)ゆかいなことば
(2)自己アピール
(3)お誕生月のしりとり詩
(4)×（だめ）しりとり詩
(5)似ている言葉詩
(6)落語詩
(7)さかさことば詩

注7　白谷明美『子ども・詩の国探検』（教育出版センター　一九九六年）Ⅴ～ⅩⅤ頁

2　カンジーはかせ

(1)みたいみたいはかせ
(2)なぜなぜはかせ
(3)合体漢字の面白辞典
(4)名前詩
(5)同訓異義の漢字詩
(6)漢字秘話詩

3　ことばとことばのドッキング

(1)ドキッとすることば
(2)とっぴな題の詩
(3)ゆかいな主語・述語・修飾語
(4)変身ゲーム詩

二　イメージの国の探検

1　イメージ遊び

(1)まねっこ詩の行列
(2)連想詩
(3)仮定詩
(4)つづき詩
(5)文型詩
(6)変身詩 ↖

---

(1)手にぼうえんきょうをつけたら
(2)ガラスにかいたかお
(3)雲は○○に見える
(4)見える見える対話詩
(5)見えるものをくさりのようにさがしていこう
(6)聞こえることをくさりのようにさがしていこう

2　なぞなぞあそび詩

(1)なぞなぞあそびうた①
(2)なぞなぞあそびうた②
(3)なぞなぞあそびうた③

3　みたいみたい詩

(1)さくらんぼは、○○○みたい
(2)みかんは、○○○みたい
(3)○○の音は○○みたい
(4)そっくり様子さがし
(5)みいつけた詩

4　○○のようだ詩

(1)ようだクイズ

↙2　イメージ・チェンジ遊び
(1)名前がえ詩
(2)マンガ詩
(3)比較詩
三　発想転換の国の探検
1　いいえ発想
(1)じゃなくて詩
(2)いいえ詩
2　ズバリ発想
(1)詩クイズ
(2)詩クイズいろいろ
(3)誰の声？
(4)私は誰でしょう
3　誰も知らない本当の話
(1)君知ってた？
(2)りんじニュース
(3)情景のドッキング
四　見える見える国の探検
1　見える見える

(2)石は○○しているようだ
(3)自然からの手紙
(4)自分の体からの手紙
(5)母の日のプレゼント
(6)たとえのつえをふれば
5　○○だ詩

第二部　人間力を培う児童詩教育
一　子どもは詩人
二「詩の生まれるまで」の構想
三　四つの国の探検
1　ことばの国の探検
2　イメージの国の探検
3　発想転換の国の探検
4　見える見える国の探検
四　自ら詩を書く子どもたち
五　豊かな自己実現への道

白谷は、自らが「詩の国」と呼ぶ世界のなかに、「ことばの国」、「イメージの国」、「発想転換の国」、「見える見える国」の四つの「国」を設定し、その観点から詩の教材性を分類している。その内容をこまかく見てみると、「ことばの国」では、いわゆる「ことば遊び」の創作で、日本語の音韻や文字、文法などに注目しながらさまざまなことば遊びの創作指導が紹介されている。次の「イメージの国」では、詩的な「想像や連想」を働かせてさまざまなイメージの世界を新たに創造していく創作指導が紹介されている。「発想転換の国」では、山際の創作指導にもみられた詩的な「発想や認識」を促していくさまざまな創作指導が紹介されている。とくに「じゃなくて詩」や「いいえ詩」など、常識的なものの見方を反転させたり否定したりする詩的な「発想や認識」を求めていることが確認できる。最後の「見える見える国」では、「比喩」を軸とした発見的なものの見方や自分なりの個性的なものの見方を促す創作指導が紹介されている。

このように、白谷の指導は、山際と多くの共通性をもち、「ことば遊び」、「想像や連想」、「発想や認識」、「比喩」など、ことば遊びを含む詩のレトリックの側面、すなわち「方法」に注目しながら、それを観点として詩の教材性を分類し編成していることがわかる。そして、白谷は、その後の著書で、次のような目次を立てている。(注8)

第一章　詩が生まれるとき
1　ことば遊び
(1)　かくしことば
(2)　なかまことば
(3)　ようすことば↖
(3)　変身クイズ詩のつくり方
第二章　詩が書けるとき
1　生活の中で
(1)　……しているとき
(2)　心が変わるとき

(4) ことばのちがいくらべ
2 イメージ遊び
(1) 「あのね」さがし
(2) 問いかけ応答遊び
(3) もしも遊び
3 比喩《ひゆ》遊び
(1) 「みたいみたい」「みえるみえる」遊び
(2) ……したら……みたい
(3) ○○の○○○のようだ
(4) 比喩《ひゆ》の虚構性
4 変換遊び
(1) 音かえ遊び
5 発想の転換遊び
(1) 一行なぞなぞ詩
(2) いいえの詩絵本
6 なりきる詩
(1) いいなあ変身
(2) 変身クイズ詩

2 わたしの中に
(1) 「わたし」ということばの中に
(2) ぼく・わたしの未来のプロフィール
(3) ぼく・わたしの願いさがし
3 わたしって何者
(1) わたしを他の目から見ると
(2) わたしを比喩《ひゆ》してみると
(3) わたしの個性
4 もう一人の「わたし」
(1) 「わたし」の中のもう一人の「わたし」
(2) 「わたし」の中のつなひき
(3) 立ち上がる「わたし」
5 重ね絵を描く絵かきさん
(1) 宇宙船と重ねて
(2) 風景を重ねる絵かきさん
第三章　詩を書いて伝え合う楽しさ
自己表現　―自己発見の喜び―

注8　白谷明美『詩が生まれるとき　書けるとき　だれにでもできる楽しい詩のつくり方』（銀の鈴社　二〇〇九年）六～九頁

「第一章　詩が生まれるとき」として、「1　ことば遊び」、「2　イメージ遊び」、「3　比喩遊び」、「4　変換遊び」、「5　発想の転換遊び」、「6　なりきる詩」といった、先に紹介した白谷の著書とほぼ同様の観点で詩の「方法」を示しながら、創作指導の具体的な方法を紹介している。前著との違いとしては、「6　なりきる詩」に、語り手（話者）の視点の変換という要素が付け加わっている点がある。そして、「第二章　詩が書けるとき」では、「1　生活の中で」、「2　わたしの中に」、「3　わたしって何者」、「4　もう一人の『わたし』」、「5　重ね絵を描く絵かきさん」として、一つの章をさいて「わたし」をめぐる創作指導の意義を詳述している。

ここからわかる白谷の創作指導論は、詩の創作によって「表現のわたし」を創出すること、白谷のことばでいえば「もう一人の『わたし』」を創出することを目指していた。そして、「実際のわたし・現実のわたし」が「表現のわたし」として詩的に異化されることによって、「わたし自身」が発見的に認識・対象化されたり「わたし自身」が豊かに創造・再生されたりすることであったとみられる。そして、第三章ではそれを「自己表現」、「自己発見の喜び」とまとめている。

以上、一九九〇年代から二〇〇〇年代における児童詩の創作指導論から、すぐれた二人の実践家の事例を取り上げてみた。そこでは、「語り手（話者）」、「発想や認識」、「想像や連想」、「比喩」、「ことば遊び」など、詩のレトリックの側面を中心とする「方法」を観点に豊かに単元が設定されていたことがわかった。こうした観点で詩の教材性を考えることによって、現在の教科書の詩における読み教材と創作教材の乖離や分断という課題は克服されていく可能性がある。すなわち、創作と受容とを関連・往還させる詩の教材性としては、詩のこれらの優れた創作指導実践にみられるレトリックの側面を中心とする「方法」に注目することが有効であるように思う。

③ 創作指導と受容指導とをつなぐ詩の教材性と教材編成

創作指導と受容指導とを関連・往還させる詩の教材性を検討するにあたって、先行研究に足立悦男の優れた論考がある。足立は、詩において、「基本的なイメージ」が「新しいイメージ」に変容する、もしくは「基本的なイメージ」から「新しいイメージ」が生成される「異化」というプロセス・現象に、詩教育において受容と創作とを関連させる原理を見いだし、そうした変容・生成の方法・技法を教育内容とする「異化の詩教育論」を提案している。この「異化の詩教育論」の中核部分について、足立は次のように述べている。(注9)

「異化・変容・生成の詩教育」は、受容によって詩の世界を作り出すこと(詩の受容指導)と、創作によって詩の世界を作り出すこと(詩の創作指導)を教育内容とする詩教育である。詩の受容・創作指導を、ともに「詩の世界を作りだすこと」と、共通の観点からとらえている点に特徴がある。
そして、詩の受容指導・創作指導は、詩の世界を作り出す異化の方法(とらえ方)と、詩の世界を作り出す異化の技法(あらわし方)を指導する詩教育論である。「詩を味わう―味わわせる」鑑賞指導論との違いは、詩教育を「詩の世界を作り出すプロセ」と考えて、詩の世界を作り出すための変容・生成の方法・技法を教育内容としている点である。そして、詩の受容指導と創作指導を、共通の観点によって統一している点である。

ここで、詩教育(受容指導・創作指導)の構造を示してみると、次のようになる。

注9 足立悦男「異化の詩教育学」(広島大学国語国文学会「國文學攷 第一六一号」一九九九年三月)二四・二五頁

基本的なイメージ（慣習・慣用のイメージ）
↓　詩の方法（とらえ方）
変　容（異化の現象）
↓　詩の技法（あらわし方）
新しいイメージ（新たな意味・価値・イメージの生成）

この図式は、異化の詩教育論の基本的な構造を示すものである。読者（学習者）は、すぐれた詩の世界（生成するテクスト）と出会い、その変容・生成のプロセスに立ち会うことで、全く新しい意味とイメージの世界を見出だしていく。それこそ、新しい見方・見え方の発見である。詩教育とは、詩の世界による「新しい見方・見え方の発見」のための教育である。

足立が注目している「異化」という概念は、もともとロシアフォルマリズムの芸術理論のもので、小説家の大江健三郎が『新しい文学のために』（岩波新書　一九八八年）のなかでも取り上げている、いわば芸術や文学を芸術や文学たらしめている（芸術や文学と他のジャンルを区別する）基本原理の一つである。足立はこれを教育学の理論に援用し、引用したような形で詩教育の理論として定位してみせた。

ただ、足立が示す「基本的なイメージ」から「新しいイメージ」への「変容」という図式の理解には留意が必要である。それは、この図式における「変容」の概念は、単純な対比・対立構造でできているわけではないからである。たとえば、もともと「基本」の対概念は「応用」や「発展」であり、「新しい」の対概念は「古い」であり、「慣習・慣用」の対概念は「新奇・不慣れ」であるはずである。しかし、足立はそうした対概念を単純に用いることをしていない。すなわち、その意味で、足立における「変容」とは、変容過程においてこれらいくつもの対概念の要素を多義的かつ複合的に含んで「変容」していく概念である。

そもそも、文学における「異化」とは、ものごとに対する生き生きとした感覚を取り戻すため、言葉を用いてあえて「知覚をむずかしくし、長びかせる難渋な形式の方法」(注10)とされる。この方法によって、詩歌を含む文学作品においてはときにありふれたものが見慣れぬものに変容し、ときに存在のありようが丸ごと塗り替えられてしまうような、あるいは別の次元に変換されてしまうような変容が起こる。これらを受けて改めて本書における詩教育のための「異化」を私なりに定義すれば、「ものごとの様相や位相に対して新しい発見や創造をもたらすような質的変容が起きること」である。

また、この引用のなかで、足立が「受容」という概念・用語を用いている点にも留意が必要である。「受容」とは、詩教育において「鑑賞」に代わる用語・概念として足立が新たに用いているものだからである。足立は従来の「鑑賞」という用語・概念では、詩教育における教育内容が曖昧になってしまうとし、「詩人のものの見方・見え方(認識)」を教育内容とすべきとした。また、一九九〇年代の国語教育界に影響を与えた「読者論」以降、我が国の文学教育研究では、学習者にとっての教材性を明らかにする目的から、「鑑賞」ではなく「受容」という概念・用語が積極的に用いられた。こうした経緯をふまえ、本書においても「創作」と「受容」とを詩の表現と理解に関する「対」の概念・用語として用いている。

いずれにせよ、「異化」という現象に注目して創作と受容とを有機的に関連させせようとするこうした考え

注10　大江健三郎『新しい文学のために』(岩波新書　一九八八年)三八頁

方は、詩というジャンル（広くいえば文芸というジャンル）の本質や原理に根ざしつつ、他のジャンルの指導と区別するうえでの有力なものになると私も考えている。

そして、その後、足立は、こうした考え方を具体化するために、次のように詩の教材性を分類している。(注11)

私は、詩教育（受容指導・創作指導）を、「詩教材によって、異化の現象を作りだすこと」と考えてきた。そして、詩の教材研究とは、異化の現象を作りだす仕組みを明らかにすることであった。したがって、詩教材の編成は、異化の現象を作りだす、もっとも基本的な要素によって分けていく、ということになる。

そこで、私は、詩教材の世界を、次のような要素によって再構成することを提案している。本論文で提案する、詩教材の新しい編成案である。

①「話者」②「存在」③「思想」④「時間・空間」⑤「ことば」

（中略）

この編成案は、散文の文学教材との違いをもとに作成している点に特徴がある。文学教材（小説・童話）は「人物」を中心に構成されている。登場人物を不可欠の要素とし、「事件」と、「事件」を成立させる「場面」とで構成されている。わかりやすくいえば、「だれが」（人物）「いつ・どこで」（場面）「なにを、どうした」（事件）という三つの要素が、文学教材（小説・童話）には、不可欠の要素である。

詩の世界は、しかし、「人物」の登場をかならずしも不可欠の要素としていない。また、「人物」の引きおこす「事件」も、「事件」を成立させる「場面」も、かならずしも必要としていない。つまり、詩の世界は、文学教材（小説・童話）を構成する要素ではとらえられない、ということである。そこで、詩の世界に、独自の構成要素を見出だす必要がある。

また、この編成案は、従来の主題・話題による編成と違って、異化の世界を作りだす、もっとも基本的な要素によって編成している点に特徴がある。何に対して、異化の現象を作りだすのか、というときに、およそ、①～⑤の項目（詩の世界）に絞られていくのではないか、という考え方である。

足立はこのように述べ、「異化の世界を作りだす、もっとも基本的な要素」という観点から、①「話者」②「存在」③「思想」④「時間・空間」⑤「ことば」の五つの分類を示している。これは、先のさまざまな教材性の分類に即していえば「題材」に近い観点での分類と思われるが、足立はそうした一般的な観点からの分類を否定し、あくまで「何に対して、異化の現象を作りだすのか」という観点であるとする。その意味でこの分類は「異化が生じる対象」という観点による分類といえる。従来の読み教材詩における「題材」との違いには、「話者」が含まれている点、「存在」、「思想」、「時間・空間」など、極めて抽象度の高い分類基準によって異化が生じる対象を包括的・網羅的に分類しようとしている点がある。

注11　足立悦男「異化の詩教育学――教材編成の理論と方法」（「島根大学教育学部紀要（教育科学）第三四巻」二〇〇〇年十二月一〇・一一頁）

(2) 「創作のレトリック」に基づく教材性と教材編成

① 詩における「レトリック」とその指導

本書では、足立によるこうした分類（異化が生じる対象による分類）を参考にしながらも、これとは別の角度から詩の教材性とその編成を提案してみたい。それは、「創作のレトリック」という観点からの詩の教材性の編成である。詩である以上、何らかの形で「異化の現象」が必須であるという点で足立の論に依拠しながらも、それをこれまで紹介してきた認識や表現の「方法・形式」の面、なかでも一九九〇年代以降の山際鈴子や白谷明美らの詩の創作指導が学習者に示してきた「方法・形式」の面から改めて分類・編成してみようとするのが本書における提案（試案）である。

その際、本書ではレトリックを、異化のきっかけとなったり、異化を促進したりする、いわば着火剤や触媒のような機能をもつものとして捉え、レトリックを異化の現象を支える重要な要素として位置づけている。足立の論との関係でいえば、「詩の方法」、「詩の技法」と足立が捉えているレベルでレトリックを位置づけ、このレトリックの面から詩の教材性を分類・編成してみようとする提案（試案）である。

これにより、実際の授業において、それぞれの教材のなかに個別に内在する「レトリック」という具体的な手がかり（入り口）から「異化」という内容や価値を捉えることができる。すなわち、詩の創作と受容との関連・往還を詩の「方法・形式」と「内容・価値」との両面から教材性が捉えられることになる。さらには、詩のレトリックを受容の側からでなく創作の側から注目することで、学習者自身が実際に表現してみることができる観点・レベルで創作と受容の関連・往還が図られることになり、学習者にとって自然で無理のない学習活動になることも期待できる。

ところで、もともと「レトリック」は、ギリシアの弁論術から生み出され、今日に至るまで紆余曲折を経ながら発達・発展してきたものである。そして、近年における佐藤信夫の指摘は、国語教育にも大きな影響を与えた。佐藤は、現代における「レトリック」を次のように捉え直そうとする。(注12)

古代のレトリックは、第一に《説得する表現の技術》、そして第二に《芸術的表現の技術》という、よく考えてみれば相反しかねないふたつの役を引き受けることになった。その二重の役わりはその後二千年以上継承される。(中略)そしてこの二面性は、紆余曲折の末、近代までそのまま伝わった。

(中略)

じつは、レトリックが二重の役わり——印象的な説得力と芸術的な挑発力——を受けもつ、という通念にはひとつ重大な見落としがあった……と、私は考えている。その欠落は現在もほとんどそのまま放置されているように、私には思われる。

その見落とされていた側面をはっきりさせ、自覚するためのいわば第三の視点、それが、この本の主題のひとつなのだ。ひとたび絶滅したかと思われたレトリックの体系にもとづくさまざまの表現形式を再点検しながら、《発見的認識の造形》というレトリックの第三の役わりをさぐるこころみである……。

注12　佐藤信夫『レトリック感覚』(講談社学術文庫　一九九二年)二〇・二一頁

佐藤は、「説得する表現の技術」と「芸術的表現の技術」といった古代のレトリックがもっていた二つの役割とは異なる「第三の役わり」として、「発見的認識の造形」があるとし、これが見落とされていた役割であるとする。このように「表現の技術」というレベルにではなく「認識の造形」というレベルにレトリックの役割を見ようとする佐藤の考え方は、いわゆる「たんなる表現技法」としてレトリックをとらえていた私たちのレトリック観を広げるものになった。

こうした新しいレトリック観に基づいて作文教育を論じたのが井上尚美である。井上は、レトリックを作文教育に生かすために次のように述べている。(注13)

説得をするためには、自分の言おうとしていることを相手に正確に・筋道を立てて・効果的に伝えることが必要ですから、レトリックは国語教育、とくに作文教育にとっても大変重要な意味を持っています。

作文の場合に求められるのは、

1　何を書くか（発想）

2　どういう順序で書くか（構成）

3　どのように書くか（修辞）

ということです。

井上はこのように述べ、作文教育において、たんに「修辞」としてレトリックを捉えるだけではなく、

「発想」や「構成」にもレトリックが重要な意味をもつことを指摘している。

しかしながら、井上のこうした考え方は「作文」という、いわば説明や説得などを目的とした散文もしくは実用的な文章に適したレトリックを背景にしている。したがって、「詩」の創作においてはこうした「作文」と同様のレトリック観では不十分である。「詩」の創作には「詩」というジャンルにふさわしいレトリック観をもつ必要がある。

そこで、そうした「詩」の創作に適したレトリック観を検討する際の先行研究として、平井照敏は現代詩研究の立場から次のような定義と分類を示している。（注14）

レトリック

修辞法。思考感情を有効に表現するためにことばをいかに選択しいかに配置するかの技術。今日では対象を認識するときことばによって対象を捉えていくので、ことばは認識の方法であるとされ、レトリックは認識そのものを変える行為として重要視される。

詩のレトリックに関するこの定義をみると、レトリックはことばの「選択」や「配置」の技術であるとともに、「認識そのものを変える行為」と捉えられていることがわかる。このことはつまり「修辞」だけでなく、ことばの「配置」（ことばの「構成」）、さらにはことばの「選択」をその背後で支える「認識」をも含む方法としてレトリックが捉えられていることを意味する。そして、そうした定義に基づくレトリックの下

注13　井上尚美『レトリックを作文指導に活かす』（明治図書　一九九三年）一二・一三頁
注14　平井照敏「現代詩一〇〇の基礎用語」（『現代詩読本―新装版　現代詩入門』思潮社　一九八三年）二七〇頁

位分類として、次に示す用語・用法が示されている。(注15)

比喩／直喩／暗喩／アイロニー
／アレゴリー／パラドックス／オノマトペー／即物的
／象徴／モノローグ／ダイヤローグ／デフォルメ
／ドキュメント／諷刺／モンタージュ／リズム
／リフレーン／コラージュ／自動記述／デペイズマン
／シミュラシオン／イリュージョン／抽象／批評精神

「比喩（直喩）・暗喩」「オノマトペ」など児童詩の創作指導で取り上げている要素もあるが、それ以外は極めて高度で特殊な要素が取り上げられている。ここから創作と受容の関連、往還のための教材性を考えるにはなお検討を要するが、詩のレトリックがもつ広がりを理解するのには有効である。

では、こうした個々のレトリックは、詩においてどのように機能するのであろうか。詩人の入沢康夫は、詩におけるレトリックのあり方について次のように述べている。(注16)

（引用者注・レトリックとしての）比喩といい、類推といい、象徴といい、イメージといっても、それは別に詩に特有のものではなく、「言葉関係」のあるところ、このようなものは始終からまっているのだ、ということは意識しておかねばなりません。日常の会話でも、イメージゆたかな話し方もあれば、うまい比喩を使った言い方もあります。ある詩にさまざまなイメージや巧みな比喩が豊富に含まれているからといって、それだから良い作品だということにはならないのです。詩においては、「言葉」が日常言語のそれと非常に異なった役割をになうのと同じく、比喩やイメージも奇妙な変質をとげるのです。（傍線引用者）

入沢は「比喩」などのいわゆる一般的にいうレトリックが表現のなかに存在しているというだけでは詩にはならないとする。詩においては「比喩」などのレトリックが「奇妙な変質」をとげることが必要だという。これは、平井が「認識そのものを変える」と述べていることとも通底する考え方である。

一般に、「比喩」などのレトリックは、詩に特徴的な表現方法・表現技法であると見なす場合が多い。そのため、「比喩」を使えば詩になるという考え方で創作指導がなされるケースもある。しかし、入沢が述べるように、「比喩」は日常の会話や文章のなかにも頻繁に出てくるものであり、それだけをもって詩であることの根拠にすることには無理がある。なぜなら、そこにはその「比喩」が書き手や読み手にとってどのような詩的な機能をもつかといった、いわば表現内容の質が問われていないからである。その意味で、先に紹介した足立の異化の詩教育論と関わらせて述べるなら、「比喩」や「イメージ」などの一般にいう詩のレトリックは、入沢が「奇妙な変質をとげる」と述べ、平井が「認識そのものを変える」と述べるような「異化の現象」を伴って初めて詩となるといえる。

詩人の北川透も、「詩的レトリック」の特性という面から同様のことを述べている。（注17）

注15　注14に同じ。二七〇～二七二頁
注16　入沢康夫『詩の構造についての覚え書　新装版』（思潮社　一九七〇年）一六一頁
注17　北川透『詩的レトリック入門』（思潮社　一九九三年）二二三頁

平叙文や慣習化されたことばの在り方とは区別される、詩的なことばの在り方（中略）行分け、連構成、余白、省略（選択）、比喩、多義的な語の使用、繰り返し（リズム）、暗示、助詞や語尾の変化への細心の注意ということ（中略）。むろん、これは詩的なことばの在り方の一部に過ぎないが、これらの総体の関係を、わたしは〈詩的レトリック＝詩的仮構〉と呼びたい。詩的レトリックは、詩作品のすべてでないことは当然だが、しかし、詩と詩でないものとを相対的に区別していることはたしかであろう。俳句や短歌における音数律構成も、詩的レトリックの在り方の一つであり、それは先にも書いたように絶対的な規範であるが、現代詩における詩的レトリックは、すべて相対的であり、非実体的（関係的）であり、従って、あいまいさをとどめ、変転し、流動する。（傍線引用者）

北川によれば、「詩的レトリック」は傍線部のように「平叙文や慣習化されたことばの在り方とは区別される、詩的なことばの在り方」であるとされる。ここで大事なことは、「平叙文や慣習化されたことばの在り方」と区別されるとしている点である。つまり、一般的な文章・実用的な文章・日頃見なれた文章などとの対比において「詩的レトリック」は規定されるのだという。「詩的レトリック」がもつこうした特性は、したがって「すべて相対的であり、非実体的（関係的）であり、従って、あいまいさをとどめ、変転し、流動する」という。ここには、詩という存在のもつ特性がはっきりと示されている。それはつまり、日常性・実用性・一般性などとの相対的な関係においてしか「詩的なるもの」は規定できないということである。

このことは、何を詩とするかにおいて、つねにそこには「その作り手や受け手にとって」あるいは「何かとの相対的な関係において」という条件性がつよく働くことを意味している。「詩的レトリック」とは、そうした関係的な存在として定位されるものであるのである。これは、足立の異化の詩教育論における「新しいイメージ」という概念が相対的・関係的な概念であることと同じである。しかし、本来的な意味で「異化の現象」が有効に機能し、「新しいイメージ」が生成されるのは、あくまでも詩を読むことで読み手にとっての常識が揺さぶられたり、詩を創ることで書き手にとって新しい発見や創造が伴ったりすることが必須の要件であることは言うまでもない。

このように、現代詩の研究者や詩人たちの言葉に耳を傾けてみると、詩におけるレトリックとは、たんに「修辞」のレベルだけではなく、「認識」や「構成」などを含む広い概念であること、一般的にいう詩のレトリックはそれが実体として存在しているだけでは詩にはならず、「奇妙な変質（足立のいう「異化の現象」）」という機能・効果を伴って初めて詩となるということ、同様に、そうした詩的なレトリックは実体的に存在するのではなく、平叙文や習慣化されたことばなどとの相対的な関係や、その作り手や受け手にとっての常識（何をありふれたものや見慣れたものと感じるか）との関係において存在するものであること、である。

国語教育の立場からこうした詩的レトリックを応用しようとした先行研究として、鳴島甫の『俳句による〝レトリック〟原点からの指導』がある。鳴島はこの著書において、「単なる『レトリックの技法の紹介』に陥りがちである今日の国語教育」を批判して、次のように述べている。（注18）

> 私は、「レトリックとは」とふりかぶった説明をむしろせずに、鑑賞行為を充実させつつ、表現の型にも気づかせていく（型を発見させていくといってもよい）といったレトリック追求の精神の原型

注18　鳴島甫『俳句による〝レトリック〟原点からの指導』（大修館書店　一九九四）二一頁

を体験させてみてはどうかと思うのである。

鳴島はこうした考えのもと、次に示す若山牧水の短歌をもとに次のように述べている。(注19)

うすべにに葉はいちはやく萌えいでて咲かむとすなり山桜花　若山牧水

この種の表現方法の指導でおさえておかなければならないことは、これは写生の方法によって作られている歌だとだけで済ませないことである。写生の方法で歌われた歌が全ていい歌になるかというと決してそのようなことはない。今日から見ればむしろ駄作の方が多いのである。写生の方法が成功するためには、普段、人が気づいていなかった〈もの〉の本質的側面をとらえ直すことが不可欠なのである。そうすることによって初めて、その〈もの〉が生き生きと浮かび上がってくるのであり、ここに作者の才が関係してくるわけである。写生の方法にふれる時には、ぜひこの点に注意を向けさせたいものである。

鳴島の考え方も、入沢や北川らの詩人たちと同様に、この短歌に「写生」というレトリックが実体として存在しているだけでは短歌とはいえないこと、授業においてはその指摘だけで学習を済ませるべきでないことを述べている。「写生の方法で歌われた歌が全ていい歌になるかというと決してそのようなことはない」という指摘がそれを端的に示している。とすれば指導において何が重要なのか。鳴島はそこに「普段、人が気づいていなかった〈もの〉の本質的側面をとらえ直すこと」が伴っている必要があるとする。この「普段、人が気づいていなかった〈もの〉の本質的側面」が立ち現れてくることは、足立の「異化の現象」に通底するものである。すなわち、「写生」という「詩のレトリック（方法）」と「本質的側面」の生成という「異化の現象（効果）」との二つの要素が伴って詩的世界が生まれるのである。鳴島はこの他にも、俳句の「取り合わせ」などに注目して同様の主旨を述べている。

このように、鳴島の考え方を「写生」というレトリックを手がかりにして創作と受容の関連において位置づけてみれば、読みの学習においては、一般的には詩的な表現方法と見られている「写生（レトリック）」がいかに「普段は気づかぬ本質の生成（異化の現象）」を伴っているのかを読み取ることが重要であることになる。その一方で、創作の学習においては「写生（レトリック）」という方法を用いることによって、普段は気づかなかったようなどのような個性的な認識や表現が生まれるのか（異化の現象が生じるのか）を考えさせることが重要であることになる。

②「創作のレトリック」に基づく八つの観点と分類

本書では、これまで検討してきたことを総合的にふまえて、言葉で日常を見つめ直し、言葉で日常に立ち止まるために、詩教育において創作と受容とを関連・往還させるうえで有効な視点を、「認識・表現方法や表現形式」の面から提案する。詩におけるこの「認識・表現方法や表現形式」を本書では「創作のレトリック」と呼ぶこととする。この「創作のレトリック」がもつ特徴は、一つには、散文や実用的な文章とは異なり、そこに詩の創作においても詩の受容においても「異化の現象」のきっかけとなったり「異化の現象」を

注19　注18に同じ。二〇八頁

促進したりしている点である。もう一つは、「レトリック」を「修辞」だけを指す狭い概念で捉えるのではなく、詩の創作過程におけるさまざまな方法的・形式的要素（視点・認識・表現・言語など）を広く含み込む概念として捉える点である。

具体的には、詩の読みの指導における西郷竹彦の分類の観点を参照しつつも、基本的な軸としては一九九〇年から二〇〇〇年代におけるすぐれた児童詩の創作指導事例（山際鈴子や白谷明美など）が取り組んだ課題や成果をもとに検討している。たんに「レトリック」とせずに「創作のレトリック」と呼ぶのは、わが国の児童詩教育（小学生に対する詩の創作指導）の成果をベースに検討していることによる。そうした検討の結果、創作と受容とを関連・往還させるための詩の教材性を内包する「創作のレトリック」として、次に示す八つの観点と分類を提案したいと思う。(注20)

i　視点・語り手
ii　発想・認識
iii　想像・イメージ
iv　比喩・象徴
v　オノマトペ
vi　音韻・リズム
vii　文字・フォルム
viii　方言・語り口

これらそれぞれの観点や分類に即して創作と受容とが具体的にどう関連・往還するかについては、次の章で個別に詳述する。

注20　後注（76ページ）参照

後注

注5　認識や表現を含む詩の「方法」に注目した西郷は、その後、西郷竹彦『名詩の世界　西郷文芸学入門講座』全7巻（光村図書二〇〇五年）において、これをさらに次のように整理・分類している。

第1巻　文芸の構造　視点と対象・形象の相関
第2巻　ことばの芸術　言語・文法をふまえて
第3巻　題材と主題　詩の形・比喩の本質
第4巻　比較（類比・対比）典型と比喩について
第5巻　虚構の方法・世界　展開法と層序法と折衷法
第6巻　文芸学の筋論　表記の表現性・形象性
第7巻　文芸の美と真　ファンタジー・条件・縁起

注20　こうした八つの観点については、かつて次の論文で検討したことがある。今回示している八つの観点は、この論文で示した観点にさらに検討を加えて修正したものである。

児玉忠「詩の学習指導における読解・鑑賞と創作との関連　―『視点や語り』・『発想や認識』に注目して―（日本国語教育学会編「月刊国語教育研究　484」二〇一二年八月）

第二章

「創作のレトリック」を活かす
詩の創作と受容

第一節　「わたし」を変換して見える世界を広げる――視点・語り手――

(1)　創作のレトリックとしての「視点・語り手」

国語教育の世界で、古くから視点や語り手（話者）に注目して指導論を主張してきたのは西郷竹彦である。西郷は、文学作品を語り手（話者）による行為として捉え、語り手（話者）がどのような視点からその作品を語っているのかを読み手（学習者）に捉えさせることで、確かで豊かな読みの学習指導を展開してきた。西郷はこれを「視点論」と呼んで自らの文芸教育理論の一部とした。その後、向山洋一が率いる教育技術の法則化運動（のちに「TOSS」と改称）のメンバーが、文学研究の方法であった分析批評を再評価する形で「視点」を取り上げたり、日本文学協会の国語教育部会のメンバーが小説作品の「語り」を批評したりすることなどで、現在は読みの学習用語として全国的な広がりを見せつつある概念・用語である。

こうしたなか、足立悦男は詩教育の立場から「視点・語り手」に検討を加え、これを「話者論」として提案した。足立の話者論は作者と話者（語り手）を区別することが生み出す可能性を中心的な内容としており、その可能性は次のように述べられる。(注1)

一つは、「詩＝作者の表現（直接表現）」という考え方（詩論）からの解放である。そのことによって、詩の世界を、広く豊かな世界にひらくことができる。「私の視角」からだけ見ていた世界を、話者の設定によって、「話者の視角」に立つことで、詩の世界は多様にひらかれていく。作文は、基本的に「私の視角」から世界をとらえる表現活動であり、表現教育の基本的な分野である。これまでの詩の創作指導論では、その作文と区別することができなかった。そこで、「話者」論を取り入れることによって、詩の世界を、作文と明確に区別することができるようになる。

二つには、「話者」論を取り入れることによって、子どもたちと、子どもたちを取りまく世界を、多面的に、多角的な視点からとらえ直し、新しい詩の世界にひらくことができる、ということである。「詩＝作者の表現（直接表現）」という従来の考え方からでは開発できなかった詩の世界である。

三つには、詩の受容指導と創作指導を、関連的にみていくことができる、ということである。「詩＝話者の世界」とみていくことで、「話者」という共通のキーワードをもつことになる。これまでの詩教育研究において、詩の受容指導は「理解の領域」に、詩の創作指導は「表現の領域」に入っていて、両者を関連的にみていくことはできなかった。その意味で、「話者論」の導入によって、詩の受容指導と創作指導を詩教育の両輪とみていく、新しい研究領域を開発することになると思われる。

足立は、話者論の可能性について、一つには詩の表現を作者の直接表現と捉える考え方から解放することで、作文指導と詩の創作指導を区別することができる点、二つには子どもの認識を多面的・多角的な角度から捉え直して新しい詩の世界にひらくことができる点、三つには受容指導と創作指導を関連的に見ていくことができる点、の三点をあげている。

注1　足立悦男「話者論のひらく詩の教室」（田近洵一編『国語教育の再生と創造――21世紀へ発信する17の提言――』教育出版一九九六年）一五三・一五四頁

「創作のレトリック」という面から「視点・語り手」を捉えるとき、足立が指摘する二点め、すなわち、「子どもたちと、子どもたちを取りまく世界を、多面的に、多角的な視点からとらえ直し、新しい詩の世界にひらくことができる」点が重要である。現在の児童詩の主流をなしている児童生活詩では、基本的に「現実のわたし」が詩の語り手であり、その語り手の視点から世界が語られる。もちろんそのような視点から語られる詩があってもまったくかまわないが、詩の世界を広げることを考えると、それ以外の視点から語られるような詩の世界も積極的に認められるべきである。そのことによって、詩に描かれる世界も「現実」や「事実」から解放された伸びやかさを獲得する。その意味で、足立の「話者論」は、詩の語り手が「現実のわたし」であることに何ら疑いのなかった私たちの指導の常識を揺さぶってくる。「わたし」を変換し、「虚構のわたし」の視点から語られる詩の世界を積極的に開発していくことによって、児童詩教育の世界は豊かに広がっていくのである。

(2)「視点・語り手」を活かした詩の創作

第一章でも述べたように、詩人工藤直子の一連の作品「のはらうた」は、少年詩として魅力的であっただけでなく、子どもに詩の創作を促すものとして価値ある作品であった。「作品が作品を生み出す」という点で、かつて俵万智の第一歌集『サラダ記念日』が、一般の人々にとって短歌の世界を身近なものにしたり創作を促すものになったりした事実を思い起こさせる。

「のはらうた」の場合も、その大きな反響から三冊の児童詩集が発行された。『子どもがつくるのはらうた ①～③』（童話屋 二〇〇六・〇七・〇八年）がそれである。この児童詩集について、かつて私は考察を加えたことがあるが、（注2）そこで取り上げた児童詩のうち、「かまきり」を題材とした児童詩をいくつか紹介してみよう。

まず最初に、創作のきっかけとなったと思われる工藤直子の作品「おれはかまきり」を示す。

おれはかまきり（注3）

かまきりりゅうじ

おう　なつだぜ
おれは　げんきだぜ
あまり　ちかよるな
おれの　こころも　かまも
どきどきするほど
ひかってるぜ

おう　あついぜ
おれは　がんばるぜ

注2　児玉忠「『子どもがつくるのはらうた』を読む　――『のはらうた』が拓く『創作的自画像』の世界――」（文芸教育研究協議会編「文芸教育　九六号」新読書社　二〇一一年）

注3　工藤直子『のはらうたⅠ』（童話屋　一九八四年）七〇・七一頁

もえる　ひをあびて
かまを　ふりかざす　すがた
わくわくするほど
きまってるぜ

次に、子どもが創作した作品を示す。

ホームラン（注4）
かまきりしゅん

すてきなバットで
すぶりはオッケー
どんなたまでも
ホームラン
兵庫県・南あわじ市立松帆小学校2年　畑《はた》野竜次《のりゅうじ》

そら（注5）
カマキリソウ

ぼくは　ある春おきた
おにいちゃーん　とよんだら

二百九十九匹のおにいちゃんが
ふりむいた
ふかふかのベッドから出ると
いつも見ている茶色の景色じゃなくて
まるでべつの世界だった
青くて
広くて
大きいものが
そのカマキリにはわからなかった
千葉県・柏市立旭小学校4年　羽片創《はかたそう》

オレはりゅうじの子（注6）
かまきりりゅうぞう
春のある日
シャンプーのような
あわの中から

注4　工藤直子編著『子どもがつくるのはらうた②』（童話屋　二〇〇七年）三四頁
注5　工藤直子編著『子どもがつくるのはらうた③』（童話屋　二〇〇八年）六二・六三頁
注6　工藤直子編著『子どもがつくるのはらうた①』（童話屋　二〇〇六年）一一六・一一七頁

モクモクと出てきた
たくさんのオレたち

春の光線で
みがきあげる
オレのカマ
今はまだ小さいカマだけど
切れ味は
父ちゃんに負けないゼ

香川県・観音寺市立一ノ谷小学校5年　髙嶋夏希《たかしまなつき》

おれの母ちゃん(注7)

かまきりけんた

おれは今まで百人以上の敵を
やっつけてきた
そんなおれでも
頭が上がらない人がいる
うちの母ちゃんだ
母ちゃんは昔

うちの父ちゃんを食べてしまったという話を聞いた
おれもいつか食べられる時が来るのだろうか
東京都・墨田区立隅田小学校6年　水本《みずもと》健太《けんた》

広い野原で（注8）

かまきりりゅうぞう

ぴぃーん
しゃきっと
背を伸ばし
あたりの気配を
感じ取り

ぎょろっ
じろっと
目を見はり
おれにはすべて
お見通し

注7　注6に同じ。一四四頁
注8　注5に同じ。一三〇・一三一頁

ばさっ
すぱっと
かまをふり
じゃまするやつは
すべてかる

広い広い
この野原で
おれは正しい
おれは強い
おれは自由
おれは一人
おれは……。

大阪府・追手門学院小学校6年　塩屋《しおや》佑介《ゆうすけ》

工藤直子の『のはらうた』の作品には、何か別のものになりきって語ることによって、結果的にそれが工藤直子自身についての間接的な自己表現になっているようにみられる作品がある。ここに紹介した児童詩も同様で、子どもは「かまきり」のことを書いているようで、じつは間接的に自分自身のことを語っている面がある。詩の創作におけるこのような特徴を「創作的な自画像」と呼ぶことができるように思う。

このように、ここに紹介した「かまきり」を題材とした作品は、子どもの認識の発達という学年特性が見られるとともに、それぞれの子どもの内面が豊かに投影している。その意味で、子どもが「のはらうた」をもとに児童詩を創作するということは、ありのままの自分を写実的に描くのではもちろんなく、虚構の方法を用いて他者の目になって対象を語ることで、結果的に思いがけぬ自分自身の姿を描くことになっているところに特徴がある。そこでは「架空の人物の視点」から語るという虚構の方法がリアリティーを生みだす源泉になっている。

その意味で、「子どもがつくるのはらうた」という児童詩とその方法は、一般の児童詩（児童生活詩）に比べて、その「題材」の選択よりもその「認識」の方法にウエイトをおいた児童詩であるといえそうである。それを端的にいえば、「わたし」を異化する認識の方法とでも言えるだろうか。換言すれば、「虚構の視点」から語ることで自分と世界とを魅力的に幻視する方法を獲得し、その視点から「現実のわたし」を「表現のわたし」へと異化することで「わたし自身」を新しく再認識・再創造する方法である。詩の創作活動において、指導者が子どもたちにこうした虚実の認識をくぐらせることにより、子どもたちは新しい「自己認識・人間認識」を獲得していくことができるのである。

ただし、「虚構の視点」に立ちさえすれば「わたし自身」が新しく再認識されるかといえば、そうではない。対象（この場合は「カマキリ」）をていねいに見つめ、その本質をあざやかに見抜く目も必要となる。引用した児童詩はどれもそうした点で優れている。

(3) 「視点・語り手」でつなぐ詩の受容

では、次にこうした「視点・語り手」を特徴とする教科書教材をみてみよう。

てんとうむし（注9）
川崎洋

いっぴきでも
てんとうむしだよ
ちいさくても
ぞうとおなじいのちを
いっこ　もっている
ぼくをみつけたら
こんにちはって　いってね
そしたらぼくも
てんとうむしのことばで
こんにちはっていうから
きみには　きこえないけど

川崎洋の「てんとうむし」も、工藤直子の「のはらうた」と同様に自然の生き物の視点という「虚構の視点」から語っている詩である。「てんとうむし」は赤と黒からなる文様が愛らしい丸くて小さな昆虫である。人間に対して直接の害を与えないこともあって、子どもたちも好きな昆虫である。

第一連で語り手がこの昆虫に見いだした特徴は、体は小さいが体の大きな象と同じように一つの「命」をもっているというところである。「てんとうむし」の外観ではなく、外観からは見えない「命」の存在に目を向けたところがこの詩の魅力となっている。とるに足らないような小さな昆虫にも「命」があるということ、当たり前のことに違いないが他ならぬ「てんとうむし」がこのように私たち人間に語りかけてくることによって、私たち読者自身が「命」というものの存在や意味を振り返ることになる点に魅力がある。

第二連では、「てんとうむし」の立場から人間に呼びかけている。「こんにちは」と言ってほしいというのがその願いである。「きみ（人間）には　きこえないけれど」、自分も「てんとうむし」のことばで「こんにちは」と言うという。第一連では見えないはずの（ふつうは見逃してしまう）「命」の存在を知らされた読者は、第二連で聞こえないはずの昆虫の「声」の存在を知らされる。見えないけれど存在するもの、聞こえないけれど存在するものの世界がここでは魅力的に語られる。このような存在にふれるとき、読者の認識は豊かに異化されていくのである。

このように、視点を変えて語ってみることで、新しい発見が促され、読者の認識は豊かに異化されている。この詩を読んだ前と後とでは、「てんとうむし」は読者にとってよりいっそう価値がある存在に変容しているにちがいない。

この他、「視点・語り」に特徴をもつ教科書の教材には次のような作品がある。

注9　川崎洋『どうぶつ　ぶつぶつ』（岩崎書店　一九九五年）一四頁

ぼくは川（注10）

阪田寛夫

じわじわひろがり
背をのばし
土と砂とをうるおして
くねって　うねって　ほとばしり
とまれと言っても　もうとまらない
ぼくは川
真赤な月にのたうったり
砂漠のなかに渇いたり
それでも雲の影うかべ
さかなのうろこを光らせて
あたらしい日へほとばしる
あたらしい日へほとばしる

春のうた（注11）

草野心平

かえるは冬のあいだは土の中にいて春になると地上に出てきます。
そのはじめての日のうた。

ほっ　まぶしいな。
ほっ　うれしいな。

みずは　つるつる。
かぜは　そよそよ。
ケルルン　クック。
ああいいにおいだ。
ケルルン　クック。

ほっ　いぬのふぐりがさいている。
ほっ　おおきなくもがうごいてくる。

ケルルン　クック。
ケルルン　クック。

注10　阪田寛夫『夕方のにおい』（教育出版センター　一九七八年）二二・二三頁
注11　草野心平『げんげと蛙』（教育出版センター　一九八四年）一〇・一一頁

第二節　矛盾の向こう側を見つめて常識を超える――発想・認識――

(1) 創作のレトリックとしての「発想・認識」

詩人の吉野弘は「私が詩を書きたくなるとき」とする文章で、その動機やきっかけを次のように述べている。(注1)

日常生活の中のちょっとした現象が、それに気付いた人の、物の見方・感じ方を変えてくれたり深めてくれたりすることがあります。ちょうど、言葉の一義性が崩れ、多義的な意味を含んで揺れるように、私たちの物の見方・感じ方の一義性が揺れて、事物を見直すように促され、ささやかな発見に導かれるのです。

このように、吉野は自らの詩創作の原理を「私たちの物の見方・感じ方の一義性が揺れて、事物を見直すように促され、ささやかな発見に導かれる」ところにみている。本節でとりあげる「発想・認識」とは、吉野の言葉でいう「物の見方・感じ方」と同義である。吉野はこの「物の見方・感じ方」の一義性が揺れるときに、発見が導かれるという。このことはつまり、発想や認識における私たちの常識が見直されるときに詩が生まれるということを意味している。

では、私たちの常識（物の見方・感じ方の一義性）が揺れるというのはどういうことなのだろうか。吉野はそのように感じさせるものについて、黒田三郎の「紙風船」という詩を引用しながら、次のように述べている。(注2)

（引用者注　吉野弘が詩と感じるもの、あるいは、吉野弘に詩を予感させ、詩作を促すものは）「矛盾がその本質をなしているような事物・観念」というふうに、それは要約できるでしょうが、さて、その矛盾なるものが、どうして見えてくるかという肝腎《かんじん》なことはまだ説明していません。それを、私の敬愛する詩人・黒田三郎氏の、美しい詩によって明らかにしてみようと思います。

紙風船

黒田三郎

落ちて来たら
今度は
もっと高く
もっともっと高く
何度でも

注1　吉野弘『詩の楽しみ』（岩波ジュニア新書52　一九八二年）一八九頁
注2　吉野弘「詩の生まれる予感」（西脇順三郎・金子光晴監修『詩の本　第1巻　詩の原理』筑摩書房　一九六七年）二四七・二四八頁

打ち上げよう
美しい
願いごとのように

この詩には、上昇と落下という相反する運動が紙風船の本質として美事にとらえられているばかりでなく、打ち上げられることによって高まろうとする意志と、それにもかかわらず落下してくる切ない心情とを、同時に感じさせてくれます。

しかし、この詩のほんとうの美しさは、紙風船に働いている矛盾した力を、ひとつの均衡状態としてとらえる、静的、審美的な見方によっては、明らかになりません。なぜかと言いますと、この紙風船においては、上昇しようとする意志が、落下する必然を超えようとしているからです。釣り合った矛盾ではなくて、破られようとしている矛盾だからです。

客観的に言えば、少しでも高まろうとする紙風船が、落下という必然を超える、などということは有り得ないことです。有り得ないにもかかわらず、あえてこの必然に逆らい、超えようとし、そのことによって矛盾を実現していること、そこにこの詩の美しさがあるのです。落下に逆らう人間的な意志がなければ、上昇という働きも生ぜず、したがって、上昇と落下という矛盾も生じません。

矛盾はどうして見えてくるか。少し先のところで私はそう設問しました。答えはすでに出ていますが、あえて言えば「人間が生きようとするから」ということになるでしょう。この詩に即していえば「美しい願いごと」があったから、といえましょう。(傍線引用者)

「紙風船」は、息を吹いてふくらませる紙でできた風船である。ヘリウムガスを入れたゴム風船などとは異なり、人間の息でふくらんでいるだけであるから、当然、宙に浮かび続けることはできない。風船であるにも関わらず重力に導かれてすぐに落下せざるを得ない。これが紙風船というものの特徴であり本質である。しかし、この詩の話者はそれを「今度は／もっと高く／もっともっと高く／何度でも／打ち上げよう」とする。これが吉野のいう「上昇と落下という相反する運動」である。そして、ここでいうこの「相反する運動」すなわち「矛盾」は、「破られようとしている矛盾」であるとしている。吉野はこうした「紙風船」のような詩を生成させる存在を「矛盾がその本質をなしているような事物・観念」という表現で要約している。別の部分で「矛盾の同居、スリリングな調和(注3)」とも述べている。その意味で、紙風船を高く打ち上げようとする話者の意思や行為は、本質的な矛盾を乗り越えようとする（克服しようとする）意思や行為となっていく。ここに吉野は「詩の美しさ」を見いだしている。

このように、矛盾をその本質とするような事物・観念を捉え、それを克服し乗り越えようとするとき、詩が生まれるというのが創作における吉野の考え方である。ここで注目されるのは、「紙風船」という日常にしばしば見かけるような素朴な玩具のなかに、「動的な矛盾（下降という必然を超えようとすること）」を見いだす詩人のまなざしである。このように、詩の創作にあっては、見慣れたものやありふれた物事のなかに「動的な矛盾」を見いだすこうしたまなざしが重要である。

私もかつて、創作と理解とを関連させるためは、読み教材からその「発想や認識」を文型として取り出し

注3　注2に同じ。二四〇頁

それを創作に活用すべきとして、次のように述べたことがある。(注4)

では読解・鑑賞に用いる詩のどの部分を「発想や認識」を活用する文型として取り出すべきだろうか。一概に書き出しの部分がよいとか、結びの部分がよいなどとは言えないところがむずかしいところである。しかし、魅力的な虚構世界を創出するためには、たとえば詩が内包する次のような要素に注目することを提案しておきたい。思いつくままキーワードで示すと、たとえば、矛盾・不安定・欠落(欠損)・未完成・謎・未解決などがそれである。

これらはどれも、表現として不確かなものであり、かつ表現として自立していないものばかりである。また、これらは文学の読みの理論などでよく知られている「空所」や「空白」などの概念・用語に通底するものであるが、創作上の概念・用語として一般化しているものはさしあたり存在しない。そもそも詩を生み出す発想・認識は詩人それぞれの個性とふかく結びついており、性急な一般化・方法化は危険でもある。しかし、こうした要素こそが、創作において虚構世界の生成をうながすのである。(傍線引用者)

この論文で指摘した「矛盾・不安定・欠落(欠損)・未完成・謎・未解決など」といった要素は、吉野の「矛盾がその本質をなしているような事物・観念」に通底するものであるとともに、詩が生まれるための「発想・認識」の起点となる。こうした矛盾をはらむものに注目すること(見つめること)によって、見慣れたはずの常識、ありふれた常識は、詩的に異化されていく。

(2)「発想・認識」を活かした詩の創作

では、「発想・認識」を活かした詩の創作指導をみてみよう。白谷明美は、詩の創作において「発想・認識」を変えることを意図して、小学校三年生に対して「じゃなくて詩」という創作単元を行った。授業では、「じゃなくて、こうしている」ということを子どもにたくさん集めさせた。(注5)

・落ち葉はやぶれているんじゃなくて歯をちりょうしている。(あゆみ)
・木の葉は、赤っぽくなっているんじゃなくて、おこったりわらったりしている。(龍介)
・太陽は、雲にかくれているんじゃなくて、雲のふとんにねている。(愛)
・花は風にふかれているんじゃなくて、うたをうたっている。(恵美)
・光があたらなくなったんじゃなくて、かくれんぼしている。(勝重)

そして、その後、「みなさんも、○○にしか見えないこと、○○にしかできないこと、○○にしかさわれないことを書いてみましょう。」という指導を行った。生まれた作品が次のとおりである。

木の葉の話(注6)

木の葉は赤っぽくなっているん

注4　章末注(110ページ)参照
注5　白谷明美『子ども・詩の国探検』(教育出版センター　一九九六年)一〇七頁
注6　注5に同じ。一〇七・一〇八頁

じゃなくて
本当は
おこったりわらったりしているんだと
思う
木の葉たちにしか見えない
木の葉にしか話せない
ことばをしゃべっている
おこるわるぐちことばや
わらわせるおもしろいことば
いろいろなことばで
はなしている
わるぐちことばならすぐ思いついて
わらわせることばはようく考えて
小さいこえでしゃべって
いろいろな話をして
ふゆをこすんだ。
（昭代第二小　三年　荒巻龍介）

季節は晩秋だろうか、紅葉した木の葉を見ながら、子どもはそこに冬を越す葉っぱたちの世界を感じ取っている。最初、葉っぱの赤い外見から、怒ったり笑ったりして顔が赤くなる人のイメージを想像して葉っぱのようすに重ねている。そして、そこからの連想を擬人化された葉っぱたちの話すことばや声に展開させ、葉っぱたちの楽しいおしゃべりの世界がイメージ豊かに展開されている。そして、最後に「いろいろな話をして／ふゆをこすんだ。」と結んでいる。葉っぱの外見的な特徴をきっかけにふくらませた想像は、葉っぱたちの楽しいおしゃべりへと展開し、そして、そうした楽しいおしゃべりによって葉っぱたちは寒くて長い冬を温かい気持ちで越すことができることを発見していく。

晩秋の寒々とした木々にかろうじてしがみついている葉っぱ、寒い地面で重なり合い踏みつけられながら土になるのを待つだけの葉っぱ、そうしたいわば悲しい存在である晩秋の葉っぱに、寒い冬を乗り越える楽しいおしゃべりの世界を見いだしている点にこの詩の魅力がある。吉野の考え方を重ねてみれば、「葉っぱ」という同一の対象のなかに「悲しさと楽しさ」や「寒さと温かさ」などの矛盾が同居するさまを見いだした点が詩を生み出すポイント、すなわち異化が生成するポイントとなっている。

また、山際鈴子は、「『まだ』『もう』の大発見や」と題する創作単元で、小学校四年生に対して、「同じときに、違ったようす」であるものを子どもたちに考えさせた。(注7)

「たとえば、春で桜が咲いているのに、冬のように雪が降っているというようなことがありますね。」
「そんなことを見つけたら、『もう、春ですか。』『まだ、春ではないのですか。』というように、『まだ』『もう』を使って、文にまとめましょう」

注7　山際鈴子『かぎりなく子どもの心に近づきたくて』（教育出版センター　一九九〇年）三三一・三三二頁

「もう、春ですか。まだ、春ではないのですか。」と板書した。

と話し、

「『まだ』『もう』の違いが、はっきりとわかるように、たとえ（自分のことば）をいれて、様子をしっかり書きだしましょう。」

と話した。

そうして、できた作品が次のものである。

お父さんとお母さん（注8）

四年　長田裕子

おたのしみ会の練習のあと遊んだ。

ドッジボールをひっしにした。

体があつくふっとうした。

あせが流れた。

五時のサイレンも聞こえなかった。

木のかげを大きく感じた。

あたりのかげの中に、電気がうきあがって見えた。

「あっ、しまった。」

お母さんは、

「五時三十分ごろに帰っておいで。」

といった。

わたしは、ありのように小さくなって帰った。

お母さんがいった。

「もう六時やで。何してたん、こんな時間まで。」

お父さんがいった。

「まだ六時やん。べつに心配いらん。」

わたしは、お父さんのいうことを聞くことにした。


四年生の作者は、放課後にドッジボールを楽しんだようだ。「体があつくふっとうした。／あせが流れた。」など、かなり興奮した楽しい時間であったことがわかる。しかし、「五時のサイレンも聞こえなかった。」とあるように、夢中になりすぎて時間を忘れてしまっていたようだ。お母さんからの言いつけは「五時三十分ごろ」に帰ってくること。その時間をとうにすぎていたのだろう。時間を守れなかったことの後悔や辺りが暗くなった不安な気持ちから、帰り道では「木のかげを大きく感じた」り、「あたりのかげの中に、電気がうきあがって見えた」りした。そして、「ありのように小さくなって」帰宅した。

案の定、お母さんからは「『もう六時やで。何してたん、こんな時間まで。』」ときつく叱られた。ところが、お父さんからは「『まだ六時やん。べつに心配いらん。』」と言われた。後悔と不安でいっぱいだった気持ちは、このお父さんのことばでいっぺんにほぐれた。だから、「わたしは、お父さんのいうことを聞くこ

注8　注7に同じ。三〇・三一頁

とにした」のだった。

どの家にもあるような門限をめぐる出来事をとりあげて、門限を守れずに帰宅したという一つの事実を、相反する見方でそれぞれとらえた両親のことばをうまく取り入れて創作している。最後の言葉もユーモアをさそう。作者にしてみれば、門限を破ったことは怒られても仕方ないが、うっかりして門限を守れなかっただけなのだから、そこはわかってもらいたいという思いがあっただろう。門限を守れなかったという事実を本人自身もある意味において矛盾する形（言いつけを破った点で怒られても仕方ないが、悪意なくうっかりやってしまったことであることもわかってもらいたい）で自覚している。自分の経験をこのように捉える「発想・認識」が詩を生み出すポイント、すなわち異化を生成させるポイントとなっている。

(3)「発想・認識」でつなぐ詩の受容

では、次にこうした「発想・認識」を特徴とする読み教材をみてみよう。

犬（注9）

金子みすゞ

うちのだりあのさいた日に
酒屋のクロは死にました。

おもてであそぶわたしらを、
いつでも、おこるおばさんが、
おろおろないておりました。

その日、学校《がっこ》でそのことを
おもしろそうに、話してて、

ふっとさみしくなりました。

この詩を豊かに読むには、「その日、学校でそのことを／おもしろそうに、話して」いたのはだれなのかを読み取るところがポイントとなる。具体的には、「(自分以外の)学校の友だち」なのか「自分自身」なのか、である。「(自分以外の)学校の友だち」が「話して」いたと読むと、最後の「さみしくなりました」は、友だちの残酷さ（酒屋のおばさんがおろおろ泣いていたことをからかう気持ち）に対して自分が「さみしく」なったということになる。しかし、「自分自身」が「話して」いたと読むと、自分自身のなかにある残酷さに自分自身がふいに気づいたということになる。すなわち、「自分自身」と読むことによって、この詩は読者自身さえをも撃つような深い内容になっていくのである。

そうした内容を創作の上で支えているのは、自分のなかに存在する矛盾した二面性を取り上げている点で

注9　金子みすゞ『わたしと小鳥とすずと』（ＪＵＬＡ出版局　一九八四年）七〇・七一頁

ある。いつも自分たちを怒るおばさんがおろおろと泣いているさまは、これまでおばさんから何度も怒られてきた子どもたちにとって意外であるとともに痛快でもあったのだろう。それが「おもしろそうに、話して」いた理由である。しかし、その一方で、酒屋のおばさんにとって自分の愛犬が亡くなってしまうということは、きわめて強く心を痛める経験であったに違いない。家族のように一緒に暮らしてきた愛犬の死はだれにとっても深い悲しみをさそうものである。自分からみれば痛快だと思ったことが、おばさんからみれば深い悲しみであることに気づくとき、自分のなかにある残酷性があぶり出されてきたのだった。自分のなかに同居する矛盾に気づくことがもたらしたこうした「発想・認識」が、詩を生み出すポイント、すなわち異化を生成させるポイントとなっている。

この他、「発想・認識」を活かした教科書教材には次のようなものがある。

ふしぎ(注10)　　金子みすゞ

わたしはふしぎでたまらない、
黒い雲からふる雨が、
銀にひかっていることが。

わたしはふしぎでたまらない、
青いくわの葉たべている、

かいこが白くなることが。

わたしはふしぎでたまらない、
たれもいじらぬ夕顔が、
ひとりでぱらりと開くのが。

わたしはふしぎでたまらない、
たれにきいてもわらってて、
あたりまえだ、ということが。

大漁(注11)

金子みすゞ

朝やけ小やけだ
大漁だ
大ばいわしの

注10　注9に同じ。一〇八・一〇九頁
注11　注9に同じ。一六・一七頁

大漁だ。

はまは祭りの
ようだけど
海のなかでは
何万の
いわしのとむらい
するだろう。

ニンジン（注12）

まど・みちお

おふろあがり

ケムシ（注13）

まど・みちお

さんぱつは　きらい

ミミズ（注14）

まど・みちお

シャツは　ちきゅうです
ようふくは　うちゅうです
—どちらも
一まいきりですが

いちばんぼし（注15）

まど・みちお

いちばんぼしが　でた
うちゅうの

注12　まど・みちお『まど・みちお全詩集 新訂版』（理論社　二〇〇一年）一二〇頁
注13　注12に同じ。九四頁
注14　注12に同じ。九四・九五頁
注15　注12に同じ。三三三頁

目のようだ

ああ
うちゅうが
ぼくを　みている

ぼくが　ここに（注16）

まど・みちお

ぼくが　ここに　いるとき
ほかの　どんなものも
ぼくに　かさなって
ここに　いることは　できない

もしも　ゾウが　ここに　いるならば
そのゾウだけ
マメが　いるならば
その一つぶの　マメだけ

しか　ここに　いることは　できない

ああ　このちきゅうの　うえでは
こんなに　だいじに
まもられているのだ
どんなものが　どんなところに
いるときにも

その「いること」こそが
なににも　まして
すばらしいこと　として

注16　まど・みちお『続まど・みちお全詩集』（理論社　二〇一五年）四二四・四二五頁

後注

注4　児玉忠「詩の学習指導における読解・鑑賞と創作との関連―『視点や語り』・『発想や認識』に注目して―」（日本国語教育学会編「月刊国語教育研究　484」二〇一二年八月）三〇・三一頁

なお、この論文では、「受容」という用語ではなく、教室実践においてなお広く用いられている「読解・鑑賞」という用語を用いている。

コラム

詩人の発想・子どもの発想

詩人の作品を教材にして子どもたちに詩の創作活動をうながす指導は、これまでもよくなされてきた。今回は、そうした指導のうち、山際鈴子『かぎりなく子どもの心に近づきたくてⅡ』（教育出版センター一九九五）をもとに、「詩人の発想・子どもの発想」という点から考えてみたい。この第四章では、詩人まど・みちおの次のような詩作品が教材化されている。

タマネギ　　まど・みちお

つぼ

その　なかにも　つぼ
また　その　なかにも　つぼ

かぞえきれないほど　はいっている
もしも　大きいのから　小さいのへと
じゅんじゅんに　ならべてみたら
うたが　遠くへ　きえていくように
見えなくなって　いくかしら

でも　タマネギは　しょうがない
きらなければ　しょうがない

『まど・みちお全詩集　新訂版』（理論社二〇〇一年）九三・九四頁

現代児童詩を読む①

コラム

この作品は、まど・みちおの代表作というほどのものではないが、彼の詩風をよく表している作品である。書き出しは「つぼ」でありながら、タイトルは「タマネギ」となっており、詩としてはかなり特異な題材が提示されている。しかし、二行目、三行目と読み進めていくうちに、「つぼ」が「タマネギ」を別のものに「見立て」たものであることに気づく。言われてみればたしかにタマネギはその形がつぼによく似ており、なるほどおもしろい見立てである。しかもタマネギはその表皮を一枚一枚はいでいって大きさは小さくなっていくものの、つぼのようなその形は保たれており、「その　なかにも　つぼ／また　その　なかにも　つぼ」という捉え方にもなるほどと納得させられる。

そして、四行目以降は、まど独自の想像世界が展開される。ロシアの人形、マトリョーシカからの連想であろうか、どんどん小さくなってゆくそのつぼを並べてみると、最後には消えてなくなってしまうのだろうかというのである。詩人まど・みちお独特の想像世界であり、「想像上の発見」がみられる部分である。

まどの詩風には、対象をギリギリまで凝視し、そこから立ち現れてくる対象独自の特性を鮮やかに切り取ってくる面がある。そうした彼の詩風がこの詩においては魅力的に展開されている。

しかし、最後の二行では、そうした「想像上の発見」がすぐさま現実に引き戻される。「でも　タマネギは　しょうがない／きらなければ　しょうがない」とは、そうした自分の「想像上の発見」が何ら現実的には意味をもたないことを述べているわけである。ここには逆に、結局「タマネギ」は切って食べることにその価値があるのだということを「一種の諦観」をもって意識している詩人の姿がある。すなわち、タマネギをめぐる見立てや想像による独自の発見の果てに詩人がたどり着いたものは、きわめて当たり前の「タマネギ」のもつ価値であった。言い換えれば、この作品は詩人まど・みちおにとっての「タマネギ」のもつ当たり前の価値を「再認識」する過程ということができる。ここに「一種の諦観」さらには「自虐の意識」

さえともなう、まど独自の詩風がみごとにあらわれている。子どもからは出にくい、いわば大人の認識である。読み手にしてみれば、最後のフレーズは、苦いユーモアとして受け止められる部分であろう。

以上、作品「タマネギ」を詩人の想の展開法という面から分析しつつ、作品の特質を明らかにしてみた。その結果、この作品は、対象を何か別のものに「見立てる」プロセス、見立てたものをもとに独自の「想像上の発見」をしていくプロセス、そうした発見の結果として対象を「再認識」するプロセスから成り立っているといえる。また、そうした「再認識」の質的特性として「一種の諦観意識」がみられる。

一般の詩の鑑賞指導において、ことばの平易さや詩的発見のおもしろさから、まど・みちおの作品が教材になることが多いが、留意しなければならないのはこうしたまど独特の「一種の諦観意識」をともなう詩風である。しかし同時にまどは、生きとし生けるものすべてに尊敬や慈しみのまなざしをそそぐ「共生」の思想をもった詩人でもある。これ以外のまど作品を教材に、こうしたまどの思想と関わる指導をする場合においても、今述べたような、まど独自の視線を指導者は念頭におくべきである。

さて、本題に戻ろう。指導者である山際は、この作品「タマネギ」を子どもに示したあと、創作指導に入っていった。その結果、次のような作品が生まれた。

キャベツ　三年　布川孝志朗

お面
その　中にも　お面
数えきれないほど　お面が　入っている
大きいのから　小さいのへと　うつっていく
大人ようと　子どもようの　お面がある
その　中には
わらっている　お面もあるし
おこっている　お面もあるし
ないている　お面もあるし
おびえている　お面もあるし

コラム

考えている　お面もある
でも　しょうがない
食べられるうんめいだから　しょうがない

この作品は、詩人の想の展開法（見立て・想像上の発見・対象の再認識）はもちろん、最後の行における認識の質の面でも、モデルとなった作品「タマネギ」を模倣している。

書き出しからの四行分は、「見立て」ているものが異なるだけで、文型としてはまったく同じである。この作品の作者は、「キャベツ」を「お面」と見立てた。その見立て方はきわめてユニークである。作者にとって身近な存在である「キャベツ」の葉一枚一枚をはいでゆくありさまに着目した瞬間、その大きさから「お面」が連想されたのであろう。一般の大人ではちょっと出てこない「見立て」である。その意味において、この「見立て」のプロセスは、詩人と同様のすぐれた認識を示している。

しかし、次の行に入ると、詩人と子どもの違いが浮き上がってくる。詩人の場合は、大きいものから小さいものへと並べていって、最後には消滅してしまうようにイメージが展開されている。視覚の遠近法を好んでしばしばモチーフとしてきたまどらしいイメージ展開である。一方、子どもの作品では、見立てた「お面」のさまざまなバリエーションがイメージ上に展開される。いわば「想像上で発見」している部分である。「わらっている　お面もあるし／おこっている　お面もあるし／ないている　お面もあるし／おびえている　お面もあるし／考えている　お面もある」からうかがえる子どもの想の展開は、人間の喜怒哀楽を捉えて魅力的である。詩人まど・みちおの想の展開が、浮かんだイメージをさらに凝視しつつ最後には消えてしまう遠近法の展開で、どちらかといえば冷めた認識であるのに対して、子どものイメージ展開は人の心の多様性をとらえる幅の広いダイナミックな認識である。先に述べたまどの「一種の諦観」はこの部分には感じられない。むしろ、人間という存在を幅広く多面的に捉えようとする健康的な感性に基づく認識である。イメージの凝縮度という点からいえば子どもの作品は低いといえるが、子どもの作品としてみると対象を幅広く多面的に捉えようとするこの作者の認識は魅力的である。ところが、最後の二行になると、作者の認識は詩人と同質のものになっていく。

「でも　しょうがない／食べられるうんめいだからしょうがない」

初読の段階から、このフレーズには違和感が残った。それは、その前まで子どもが自分の力で創出し展開してきたイメージを、最後に無理に詩人まど・みちおの創出したイメージに収斂させようとしていると感じられたからであった。

たしかに、この子どもはキャベツをお面に見立てつつ、さまざまな想像上の発見を展開してきた。しかし、最後のフレーズは、それまで書いてきたその子ども独自の認識プロセスがたどるべき自然な帰結として「キャベツ」を再認識したとは考えにくいのである。読みようによればイメージの落差がおもしろいということになるのかもしれないが、端的に言えば、詩人が創出した結末に寄りかかる形で自分の作品に決着をつけたように私には思われる、その意味で、途中まではたいへん魅力的な想の展開がみられるものの、最終二行を読むと結局リアリティーの弱い作品になってしまっている。

ところで、今紹介した作品「キャベツ」の他にも、次のような作品が生まれた。

ヘチマの家　　三年　本田晋也

子ども。
その　中にも　子ども。
また　その中にも　子ども。
数えきれないほど　入っている。
太っているものもあれば　やせているものもある。
へちまの実ひとつで、子どもが　いっぱい生まれる。
生まれれば生まれるほど、子どもが、どんどんふえて　いく。
子どもが、100人も　1000人も　10000人も　ふえる。
ヘチマは　終わることがない。

現代児童詩を読む①

コラム

この作品も、書き出しの四行分は、詩人の作品とほぼ同じ文型をつかっている。この作品の場合、「ヘチマ」のなかにある種を「子ども」に見立てることで書き始めている。「何かの中に何かが入っているものには何があるだろうか」という観点で、この子なりに見つけ出したユニークな対象である。

そして、五行目以降の想の展開も、まど・みちおのような遠近法に基づく消滅のイメージではない。先の「タマネギ」が「多様性」でもって想を展開しているとすれば、この「ヘチマの家」では「多様性」だけでなく「増殖」のイメージでもって想を展開しているといえる。詩人が展開したイメージとはまさに対照的である。また、この作品は「タマネギ」とは異なり、対象のイメージを凝視することで、逆のその奥に広がりのある「増殖」のイメージを見つけ出しているところが特徴的である。

このように、この作品「ヘチマの家」の場合、「想像上の発見」プロセスにおいては、対象のイメージを凝視しつつも、まど・みちおのように消滅のイメージを「諦観意識」で結末づけるのではなく、「多様性や増殖性」といった命そのものが広がっていくイメージを発展していくような「向日性」でもって想を展開している。そして、最後の行において「ヘチマは　終わることがない。」と無限の力強い世界へと想を羽ばたかせていることが読みとれる。これも先の「タマネギ」の結末と対照的である。

こうしてできあがった子どもの作品と、モデルとなった詩人の作品を比べてみると、詩人と子どもの詩創作における共通点や違いがよくみえてくる。なかでも大きな違いとして確認しておきたいのは、大人（詩人）と子どもの発想の違いという点である。もちろん、詩としてどちらが優れているかということは、この場合さして大きな意味をもたない。

第三節　現実を変形させてまだ見ぬ世界を創造する――想像・イメージ――

(1) 創作のレトリックとしての「想像・イメージ」

詩の創作において「想像・イメージ」はきわめて重要な意味をもつ。そこで、まず最初に、想像とはどのような機能をもつ行為なのかといった基本的な確認から始めてみることにする。

そうした基本的な確認をしようとするとき、『詩の辞典』における「イマジネーション」の定義や解説は示唆的である。(注1)

イマジネーション　Imagination（英）　想像、想像力。現在の知覚によらない物事の影像を意識に浮べること。過去の経験を思い浮べる再生想像の場合と、過去の経験を組合せて新しい心像をつくる創作想像の場合とがある。詩作に重要なのは、この創作想像で、これはイメージの結晶にとってかくことのできないものであり、それは現実に知覚したことから触発され過去の経験をひそめているが、再認識感情を伴わずに、直感的に新しい影像をつくってゆく。この想像における心的能力は、詩人の才能といわれるなかで、もっとも大きい部分をしめるが、詩人自らが詩作の経験のなかで体得してゆ

注1　菅原克己編『詩の辞典』（飯塚書店　一九七七年）三四・三五頁

くこともできるものである。基礎になるのは、鋭敏な連想作用で、そこからは、たとえば自分の無意識のなかに沈んだものを、あることがらから忽然として想起するように、常識以外のひろい世界さえ詩人のものとすることができるのである。

現代のように不条理なことでみちみちている時代では、現象面だけではつかまえることのできないものがたくさんある。詩人はどうしても想像力、思考力の働きによって、その感じたものの本質を表現することが必要であり、この場合、ありのままの外部の事物でさえ、想像と結びついて、詩人の内部で変形され、複雑な陰影をもった、多面的な表現にまでたかめることができるのである。（傍線引用者）

この定義と解説によれば、「イマジネーション（想像）」は二つの面から捉えられる。一つは「再生想像」であり、もう一つは「創作想像」である。そして、詩にとって重要なのは、「創作想像」、すなわち、「新しい心像をつくる」想像であるとする。これは、想像という営みが、現実には存在しないような世界をも新しく創造する機能をもっていることを意味する。これは、「言語」が、目の前にあるものを指し示すだけでなく、目の前には存在しないものや現実に存在し得ないものさえも表したり創り出したりすることができるという機能をもつことと深く関わっている。

そして、この定義と解説では、そうした想像を基礎づけるものとして「連想」をあげている。この「連想」という作用によって、起点となったイメージが日常的には存在しないものや常識では結びつかないものなどと一挙に関連づけられ、新しいイメージ世界が生成されていくといえる。また、想像には、「ありのままの外部の事物でさえ、想像と結びついて、詩人の内部で変形され」ることも述べられる。このように、想像には、現実に存在しない世界をイメージとして創造する機能があることに加えて、現実の世界を詩的なイメージとして変形させる機能も存在していることを意味する。

想像について「ありのままの外部の事物」が「変形」させる機能をみるこうした考え方は、バシュラールの「想像力」に関する考え方を思い起こさせる。バシュラールは「想像力」について、次のように述べている。(注2)

> 多くの心理学的問題と同様、想像力の探究は語源学の誤った知識によって、混乱させられている。いまでも人々は想像力とはイメージを形成する能力だとしている。ところが想像力とはむしろ知覚によって提供されたイメージを歪形する能力であり、それはわけても基本的イメージからわれわれを解放し、イメージを変える能力なのだ。イメージの変化、イメージの思いがけない結合がなければ、想像力はなく、想像するという行動はない。もしも眼前にある或るイメージがそこにないイメージを考えさせなければ、もしもきっかけとなる或るイメージが逃れてゆく夥《おびただ》しいイメージを、イメージの爆発を決定しなければ、想像力はない。(傍線引用者)

バシュラールは、「想像力」を「知覚によって提供されたイメージを歪形する能力であり、それはわけても基本的イメージからわれわれを解放し、イメージを変える能力」とする。このように、基本的なイメージを「歪形する」(先の『詩の辞典』では「変形」させる)ところに想像力を捉えるこれらの考え方は、詩の

注2　ガストン・バシュラール　宇佐見英治訳「序論　想像力と動性」(『空と夢』法政大学出版局　一九六八年)一・二頁

創作指導にとってきわめて有効である。

一般に想像力とは「イメージ（像）を思い浮かべる力」と捉えられることが多いが、こうした定義では、想像とは何をどのように思い浮かべるものなのかというメカニズムが明確ではない。こうした捉え方だと、あたかも無から有が生まれるように偶発的・自然発生的にイメージ（像）が発生するかのように捉えるしかない。たしかに、そのようにして直感的にイメージが生まれることもあろうが、詩の創作を自覚的な言葉の使い手を育てるための学習指導の方法とするためには取り入れにくい考え方である。これに対して、紹介してきたように想像力を「歪形」や「変形」として捉えるこの考え方は、手順や方法をもったものとして学習指導に取り入れやすい。

このように、想像は「再生想像」と「創作想像」の二つの面から捉えられ、そのうち、「創作想像」の機能は「連想」によるイメージの「歪形・変形」に見いだされる。こうした考え方は、詩の創作と受容をつなぐ「創作のレトリック」として有効性をもつことが期待される。そして、こうした想像の働きによって、言葉だけを使った新しい世界が創造されるのである。

(2)「想像・イメージ」を活かした詩の創作

山際鈴子は、「……のむこうには、……があるようで」と題する詩の創作単元で、小学校六年生に対して次のような指導を行った。(注3)

わたしは、「……のむこうには、……があるようで」と板書した。

「それ何や、全然わかれへん。」

前田くんのつぶやきが聞こえる。その一言で、子どもたちのうきうきした気分が、さっと引いていくのが分かる。

わたしは、そうだろうなと思いながら、あわてて言葉を続ける。

「駅や踏切に立ったとき、どこまでもどこまでも続く線路を見ていると、点になった線路の向こうに、何かあるように思ったことはありませんか。」

「連なった山々を見つめていると、その山のそのまた向こうに、幸せな静かな村があるように思ったことはありませんか。」

「今日は、そんな思いを書いてもらいます。」

山々のむこうには、
静かな村があるようで、

というように書いていきます、と言いながら板書する。

「こんなこと、見つかるかな。」

この指導の特徴は、「……のむこうには、……があるようで」というフレーズを与えることによって、子

注3　山際鈴子『かぎりなく子どもの心に近づきたくて　パートⅢ』（銀の鈴社　一九九九年）一二八・一二九頁

どもたちの想像力を喚起させている点にある。何かの向こうに見えないはずの何かを生み出すということがここでのポイントである。実際に存在する何かのイメージから連想されるものを見えない何かとして想像することがここでは期待されているといえる。その結果、子どもたちから次のようなフレーズが出された。（注4）

「時計のむこうには／未来を知っている人がいるようで」（西島　瞳）
「お風呂のむこうには／私しか知らないくにがあるようで」（谷　紘子）
「白い雲のむこうには／青いくじらがいるようで」（半田世莉子）
「あの大きな山のむこうには／のんびりとした村があるようで」（荒木麻希）
「雲のむこうには／死んだおじいちゃんとおばあちゃんがいるようで」（伊関瑞穂）

子どもたちから出されたフレーズのそれぞれからは、最初に設定した基本的なイメージが何かの形で「歪形」し「変形」されることで、別の新しいイメージが生み出されていることがわかる。たとえば、最初のものでは、「時計」のもつ基本的なイメージが想像力によって「未来を知っている人」へと新しいイメージが生まれている。「お風呂」が「私しか知らないくに」へ、「白い雲」が「青いくじら」へ、など、書き手である子どもたちそれぞれのなかで基本的なイメージが新しいイメージへと「歪形」し「変形」されているといえる。そして、指導者は次のような板書と指示を行って創作に入らせた。（注5）

「『……のむこうには、……があるようで』が見つかったら、いつものように、

（それから）　……があるようで
（それから）　……があるようで
（それから）　……があるようで

と向こうに見えるものを思い浮かべ、自分のイメージをどんどん伸ばしていきましょう。」
「最後に、自分が見つめたものについて、自分がどのように対応していったかを書いて、まとめましょう。」

そして、この指示からは、そうして生まれた新しいイメージを、さらに「（それから）」「（それから）」と「連想」を展開していくことによって広げて、新しいイメージの世界を創造させようとしている。そして、そうしてできあがったイメージ世界を最後に自分自身で意味づけることが求められる。そうして完成したのが次の作品である。

子どもの頃の母の部屋（注6）
六年　鈴見はな衣

部屋の中には、

注4　注3に同じ。一二九頁
注5　注3に同じ。一三〇頁
注6　注3に同じ。一二六・一二七頁

たくさんのお母さんがいるようで、

部屋に一歩入ると、
小学生のお母さん、
中学生のお母さん、
今まで知らなかったたくさんのお母さんが、
話しかけてくるようで、

小学生のお母さんは、
窓の外の屋根でゆっくりお昼寝、
鼻ちょうちんをふくらましている。
中学生のお母さんは、
高校受験の猛勉強、
と言っても、机の前でぐっすり居眠りしている。

まだまだ髪の毛の短いお母さんは、
かがみに向かってハイポーズ、
太っちょのお母さんは、
ゆっくりそーっと体重計、

目盛りを見つめてわめいている。

お母さんの心の、
思いで絵日記の中に入り込んだようで、

今は静かなこの部屋が、
私には、なぜか、すてきに見えた。

作品「子どもの頃の母の部屋」は、自宅の部屋を見つめて、そこから想像力でいろんなお母さんを幻視するという内容をもっている。いろんなお母さんとは、小学生のお母さん、中学生のお母さん、髪の毛の短いお母さん、太っちょのお母さんである。この子どもの自宅は、母親が子どものころから暮らしていた家なのだろうか、その家の部屋の中にいると、その場所が急にタイムスリップを起こして、いろんな時期のお母さんが現れるという展開である。それぞれに現れるお母さんのようすは、どれもユニークで親しみのもてるシーンが切り取られている。部屋の中からの想像を通して会ったことのないはずの年齢のお母さんがイメージ造型され、「連想」によってそれが順に年齢を重ねていく。そのことにより、作者である子どもは、今は静かなだけの魅力のない部屋を素敵な空間として異化している。と同時に、母を大切に思う娘の心情も伝わってくる。

白谷明美も、「つづき詩」と名付けて、山際とほぼ同様の創作法で同じく小学校六年生に対して、次のような詩を創作させている。

夕やけ（注7）

夕日が西にしずむころ
赤くそまった西の空
あのむこうは
どうなっているのだろう

あのむこうがわは
広い広い深い海
夕やけにそまった赤い赤い深い海
そこには、赤い魚たちが
赤いゆめを食べている。
赤いゆめは、
ピチピチ　ピチピチはねて
赤い魚の口もとをつっつく
赤いゆめがなくなったころ
夕やけ雲は　ねずみ色
風にふかれてすだれもよう。

夕やけ雲がおちるころ
山も、海も、草も、木も、
明日の赤い
ゆめを見て
わがやへ急ぐ
（柳河小　六年　海馬幹郎）

作者である子どもは、夕焼けに染まる西の空から想像し、「広い広い深い海」、「赤い赤い深い海」という新しい非現実のイメージを新しく創造した。この「海」の世界では、「赤い魚たち」が「赤いゆめを食べている。」というあり得ないできごとが起きている。その後、この映像的イメージはズームされ、「赤いゆめ」が「ピチピチ　ピチピチはねて／赤い魚の口もとをつっつく」といった細かなようすが描かれる。こうしたディテールが詳細に描かれることで虚構のリアリティーが増幅されている。

その後、この「赤いゆめ」が消えてなくなると、「夕やけ雲は　ねずみ色」に変わる。日が沈んだあとの空を表していると思われるが、先ほど鮮やかに展開された非現実のイメージは、ここで一度、日は必ず沈むという自然の摂理にしたがうことで現実的な風景に戻ってくる。しかしその後、その「夕やけ雲がおちるころ」に、「山も、海も、草も、木も、」「明日の赤い／ゆめを見て／わがやへ急ぐ」という。非日常のイメージであった「赤いゆめ」はここでさらにその姿を変え、明日に見るだろう未来のイメージとして復活・再生

注7　白谷明美『子ども・詩の国探検』（教育出版センター　一九九六年）六〇・六一頁

してくる。こうした現実と非現実との間をダイナミックに往復する魅力的な「連想」の展開によって「赤いゆめ」のイメージは重層化され、さらに印象ぶかく読み手の脳裏に焼き付けられる。

こうした「連想」により、作者は見慣れたはずの夕焼け空や日没の風景をあざやかで印象ぶかい世界に異化しているのであった。創作の背景には、復活・再生をめぐる何らかの事実や事情があるのかもしれない。

(3) 「想像・イメージ」でつなぐ詩の受容

では、次にこうした「想像・イメージ」を特徴とする読み教材をみてみよう。

かえるのぴょん(注8)

谷川俊太郎

かえるのぴょん
とぶのがだいすき
はじめにかあさんとびこえて
それからとうさんとびこえる
ぴょん

かえるのぴょん

とぶのがだいすき
つぎにはじどうしゃとびこえて
しんかんせんもとびこえる
ぴょん　ぴょん

かえるのぴょん
とぶのがだいすき
とんでるひこうきとびこえて
ついでにおひさまとびこえる
ぴょん　ぴょん　ぴょん

かえるのぴょん
とぶのがだいすき
とうとうきょうをとびこえて
あしたのほうへきえちゃった
ぴょん　ぴょん　ぴょん　ぴょん

注8　谷川俊太郎『誰もしらない』（国土社　一九七六年）五〇・五一頁

作品「かえるのぴょん」は、「ぴょん」という名の架空の「かえる」が主人公の詩である。架空の「かえる」ではあるが、第一連の「ぴょん」は、「とぶのがだいすき」という。「かえる」らしい特性である。そして、「ぴょん」は「はじめにかあさんとびこえて／それからとうさんとびこえる」という。「かえる」という生き物なら、「とぶのがだいすき」なら、そういう事実・できごとがあっても不思議はない。第二連になると、最初、同じフレーズが繰り返される。しかし、その後「つぎにはじどうしゃとびこえて／しんかんせんもとびこえる」という。読み手としては、そんな大きなものを飛び越えることはできないだろうと思いつつも、第一連と同じような繰り返し表現にのせて軽やかなリズムで調子よく語られると、そういうこともあるかもしれないなと思ってくる。

そして、第三連。今度は「とんでるひこうきとびこえて／ついでにおひさまとびこえる」という。ここまでくると読者として現実にはありえないとはっきり感じるものの、何度も繰り返し表現と軽やかなリズムにのせて語られることで、すでに語られる世界は非現実世界では実在するイメージとして読み手のなかで動き始める。そして、最終連。「とうとうきょうをとびこえて／あしたのほうへきえちゃった」という。飛ぶ行為があまりに「だいすき」なため、とうとう時間を飛び越えてしまったのだ。これまでは場所や空間を飛び越えるだけだった「ぴょん」は、最後には時間さえも飛び越えてしまったのであった。

この結末を読んで、夢中になってしまった結果やりすぎてしてしまった「かえる」の「ぴょん」の行為を幼くてかわいらしい失敗と捉える読み手は多いかもしれない。けれども、よくよく考えてみると、ここからは「ぴょん」が取り憑かれた「だいすき」という心がもっている「未来への魅力的な可能性」と「行き着く先の恐ろしい結末」の両面が見えてくる。すなわち、「だいすき」は、不可能を可能にしていくという原動力になっているとともに、自分自身の身を滅ぼしてしまう（消してしまう）危険性をもっているということである。

その意味で、この作品は、飛ぶのが好き・得意だという「かえる」の特性をもとに想像を働かせ、繰り返しとリズムのある表現を使って「だいすき」という心が次々と不可能を可能にしていく世界を「連想」しながら、最終的には「だいすき」の可能性と危うさとを描き出している作品である。とくに、「連想」によってありそうなイメージからあり得ないイメージへのスムーズな展開がみごとである。そして、「だいすき」という、誰の心にもあって大事にしたい価値ある感情は、この詩において、それに取り憑かれると身を滅ぼす結末をもたらすものとして「異化」されている。教科書教材ではあるが、怖い作品である。

この他、「想像・イメージ」を活かした教科書教材には次のようなものがある。

世界中の海が(注9)　「マザー・グースのうた」より（イギリス）

水谷まさる訳

世界中の海が
一つの海になっちゃえば
どんなに大きな海だろな。

注9　みついふたばこ編『少年少女詩集』（彌生書房　一九七〇年）一〇四・一〇五頁

世界中の木が
一つの木になっちゃえば
どんなに大きな木だろな。

世界中の斧《おの》が
一つの斧になっちゃえば
どんなに大きな斧だろな。

世界中の人が
一人の人になっちゃえば
どんなに大きな人だろな。

大きな人が
大きな斧で
大きな木を伐《き》り
大きな海へ
ばたんずしんと倒したら
どんなに大きな音だろな。

紙ひこうき(注10)

神沢利子

ぼくの　とばした　紙ひこうき
すーいと　とんで
くるりと　まわって
まつの木の　上に　ちゃくりく
ぼくには　とどかない　たかい枝

おーい、おりてこいよ
かぜが　枝を　ゆすっても
おちてこない　紙ひこうき
かあさんに　だかれて　ゆーらゆら
いいきもちで　いるみたい

うまれる　まえは
森の　木だった　紙……

注10　神沢利子『あら　どこだ』(国土社　一九八七年)

千枚田（注11）

藤井要

月がのぼり
斜面にひろがる棚田が
ほのかに
ひかりはじめた

ひなだんの一枚一枚
さまざまな大きさと
かたちをつなぐ
無数の曲線

田《た》の面《も》に
さやさやと
山のわき水がそそぎ
たがやしては　のぼり
のぼっては　たがやした
先祖たちが

きらめき
いきづいている

田植えのあとの水底に
あしあとのかずかず
月影にうかぶ千枚田に
いにしえの時間が
のぼりおりしている

注11「ネバーランド　Vol 4」（てらいんく　二〇〇五年）二〇八・二〇九頁

第四節　異質な言葉を結び付けて新しい意味を紡ぎ出す――比喩・象徴――

(1)　創作のレトリックとしての「比喩・象徴」

「比喩」や「象徴」もまた、詩のレトリックとしてよく知られた基本的なものである。そのうちの比喩について、池上嘉彦は詩における比喩の特徴に注目して、次のように述べている。(注1)

詩の言葉には確かに比喩がよく出てきます。そして、しばしば比喩は詩の言葉を美しいものにする装飾的なものと考えられたりします。果して比喩はただそれだけのものでしょうか。

すこし考えてみれば分かるとおり、比喩はこれまで述べてきた詩の言葉の特徴のいくつかを典型的に備えています。たとえば「少女ガ歌ウ」と言えば、これはごく普通の表現ですから、意図されている意味はすぐ分かります。ここでは言語表現はいわば「透明」であって、私たちの注意はたちまちそこを通り抜けて、意図されている内容の方へと移行してしまいます。そこでは言語は「手段」として働いているだけです。しかし、「森ガ歌ウ」という表現であったらどうでしょうか。私たちは、これは普通の表現でないと感じます。私たちは言葉のところでいったん立ち止まり、どのような内容が意図されているのかと考えてみることになります。つまり、表現が「不透明」になり、その彼方にあるものを手探りで求めてみるということになるわけです。「光ガ歌ウ」とか「煙ガ歌ウ」という表現になってきますと、ますますその感じは強くなります。比喩はこのようにして、言葉そのものに対する注目という詩の言語の基本的な特徴である状態を作りだすのです。

詩人たちの中には、比喩は「日常言語の記号性」を打破するものであるというような言い方をする人があります。この場合の「記号性」というのは、それぞれの語にそれぞれ特定の意味が結びついていて、ある語が提示されれば機械的にその特定の意味——それ以上でも、それ以下でもないもの——が伝えられてくるという惰性化した状態のことです。(たとえば、交通信号で「緑」なら〈進め〉、「赤」なら〈止まれ〉を意味するといったような場合を考えればよいでしょう。)比喩は、そのような固定化した結びつきを打破し、言葉に新しい意味作用を可能にするという操作です。(傍線引用者)

池上はこのように述べ、詩における比喩には、「言葉そのものに対する注目」をもたらす特徴に加え、「(言葉の)固定化した結びつきを打破し、言葉に新しい意味作用を可能にする」という特徴の二つがあるとする。換言すれば、「言葉そのものに対する注目」をもたらす特徴は、無意識に使っている言葉に対して立ち止まらせる(意識化させる)という特徴とでもなろうか。もう一つの「(言葉の)固定化した結びつきを打破し、言葉に新しい意味作用を可能にする」とは、ふだん用いているような意味で言葉が使われるのではなく、その言葉が新しい意味を生み出すように用いられるということであろう。このように、どちらの使い方も、比喩が詩という表現の場で用いられるとき、そこには何らかの形で異化の作用が働いていることがわかる。

注1　池上嘉彦『ことばの詩学』(岩波書店　一九八二年)五八・五九頁

阿毛久芳も、文学研究の立場から、詩における「比喩」や「象徴」のもつ特徴を同様に説明している。

比喩(注2)　比喩を引き起こす基本的要因は、比較するということである。比喩は外形的、質的に共通し類似している事物の一方を引用しながら、他を暗示し表象する方法といわれるが、詩においては言葉にならない思いや領域を表象する上で、通例の共通、類似の結びつきを踏み外した表現となり、新鮮な驚きを生じさせる場合が多い。

象徴(注3)　シンボル symbol（英）の訳語。象徴の本質は「形而上のもの」を指定している（萩原朔太郎）、というように具象的な物が抽象的観念に結びつけられることをいう。通常は、何か類似した性質や連想を呼ぶ点があるが、特に詩の場合はそれらの結び付きを超えた結び付きに、新しい意味を付け加える。

ここに示した阿毛の説明は、ふつうに定義されているような一般的意味の説明ではなく、詩におけるそれぞれの特徴が説明されたものである。たとえば、比喩であれば「通例の共通、類似の結びつきを踏み外した表現となり、新鮮な驚きを生じさせる」ものであるとし、象徴であれば「それら（引用者注　具象的な物が抽象的観念に結びつけられたもの）の結び付きを超えた結び付きに、新しい意味を付け加える」としている。すなわち、阿毛は詩における比喩や象徴の意味に、池上と同様に異化の作用を認めようとしているといえる。「踏み外した」や「超えた」などの表現がそれを端的に表している。

このように、異質な言葉を結びつけることで新しい意味を生み出す「比喩・象徴」は、詩にとって異化の作用を生み出す基本的なレトリックとみることができる。

(2)「比喩・象徴」を活かした詩の創作

白谷明美は、比喩を用いてズバリと断定する詩を「○○だ詩」と名付け、小学校五年生に対して、次のような指導を行った。(注4)

「(中略)ひごろは結び付かないことばを結び付けて『ええっ』とおどろく一行比喩詩をつくってみましょう。」

みかんはありたちのユーホーだ　(五年　山田直子)
太陽は花のシャワーだ　(五年　荒巻豊子)
夕やけはりんごだ　(五年　徳永直美)
水はちょうこく刀だ　(五年　本園太祐)
黒板はシャボン玉だ　(五年　松延敬子)
声は花だ　(五年　金縄久美子)

「あっと驚くような一行比喩詩ができましたね。そのわけを教えてください。」

注2　阿毛久芳「詩を読むための基礎用語事典」(『日本語・日本文学への視点　國文學』学燈社　一九九六年一一月)一三二頁
注3　注2に同じ。一三三頁
注4　白谷明美『子ども・詩の国探検』(教育出版センター　一九九六年)一七五〜一七七頁

声

声は花だ
一年中花が咲く
口の中からポッポッと
花が飛び出していく
芽も茎もない
花びらだけの花が
咲く。

（蒲池小　五年　金縄久美子）

川

川はおふろ
夕日のおふろ
夕日は
一日のあせを
あかあかと
川のおふろに
ながす

（東宮永小　五年　元村直子）

この指導では、「ひごろは結び付かないことばを結び付けて『ええっ』とおどろく一行比喩詩をつくってみましょう。」という指示が、子どもたちに比喩の方法を使うことをうながすとともに異化されたものごとの捉え方をうながすものになっている。そして、子どもたちからさまざまな一行詩が生まれていることがわかる。『ええっ』」と驚く一行比喩詩ということで、内容的にみて突拍子もないナンセンスな一行詩が生まれているところがおもしろい。そして、「そのわけを教えてください。」という追加の指示によって「声」や「川」といった詩が生まれている。

作品「声」では、一行目「声は花だ」でいきなり読者はシュールな世界に連れて行かれてしまう。しかし、「一年中花が咲く」とか、「口の中からポッポッと／花が飛び出していく」などの表現から、人々が一年中あちこちで楽しそうにワイワイガヤガヤとおしゃべりをしている様子がイメージされていく。ひょっとしたら、この子がいるクラスのなかのようすかもしれないという推察も働く。そして、そうした様子はまさに「花」が咲いているような明るさと華やかさをもったものである。こうして、読み手からみてどういう事実を比喩として表した詩なのかについてのおおよその目星がついてきたものの、その後、この詩はそうした読者の予想を裏切って、「芽も茎もない／花びらだけの花が／咲く。」と唐突に終わりを迎える。語り手である子どもは何を比喩したものなのかをあえて説明することをせず、自分の連想から生まれたイメージを純粋に追求することで現実にはどこにも存在しないような異化された新しいイメージ世界を創造した。そのことで、読み手のなかにより鮮烈なイメージが焼き付けられる作品となっている。

作品「川」も、「川はおふろ」という一行比喩詩をもとに、イメージ世界を追求し展開している作品である。この詩の比喩は、川が夕日にとっておふろのような存在であることである。その夕日は一日の仕事を終え、その疲れをとるためにお風呂にはいる。そうした「夕日」のようすは「一日のあせを／あかあかと／川のおふろに／ながす」とまとめられる。「あかあかと」という副詞がここではきわめて効果的である。この副詞の働きによって、たんなる「夕日」と「川」とを「一日の仕事を終えた人」と「その人が入るお風呂」とに見立てたこの詩の比喩は、異化された新しく鮮烈なイメージ世界を生み出している。

また、山際鈴子は、小学校六年生に対して、子どもに「将来どんな人になりたいか」を何かのものに託して創作させる指導を行った。その結果、次のような児童詩が生まれた。

たんぽぽ(注5)

六年　圓田裕美

わたしは　たんぽぽみたいな　生き方をしたい。
たんぽぽは、あまり目立つ花でもないいし、
道の真ん中にさいてもいない。
だけど、こんな小さな花でも　根は深い。
風がふいてきても　ちょっとやそっとじゃ動かない。

小さな黄色の花も　たんぽぽの特ちょう。
たんぽぽは　春の時計だ。
一目見ると、

「もう、春だなっ。」
という気分になって　心も体も軽くなる。
そうこうしているうちに　秋がくる。

そこでも　たんぽぽの違った一面が見える。
黄色かった花びらが　白いわたをつける時、
わたしには　このころのたんぽぽが　一番きれいに見える。
それを見ると　ふーっと息をふきかけてやりたくなる。

たんぽぽは、春　人の心を軽くして、
秋　また　たくさんの人の心をおどらせようと　旅にでる。

わたしは　たんぽぽのような人になりたい。

この作品は、子どもが将来どんな生き方をしたいかをさがした結果、「たんぽぽ」に注目してそこに自分を重ねて創作した作品である。こうした作品を創作するためには、「自分がなりたい人の特徴」と自分が託すもの（この場合は「たんぽぽ」）との共通性を見つける必要がある。そのためには、託そうとするものを

注5　山際鈴子『かぎりなく子どもの心に近づきたくて』（教育出版センター　一九九〇年）八八・八九頁

しっかり捉える必要がある。

この作品の場合、第一連では、「目立つ花でもない」こと、「道の真ん中にさいてもいない」ことといったマイナスの側面を指摘する。そして、それを「だけど」と逆接の表現で一気に転じて、「小さな花でも根は深い」こと、「風がふいてきても　ちょっとやそっとじゃ動かない」という魅力や価値をとらえていく。見た目に魅力はないかもしれないが、すぐに見えないところにはしっかりと魅力や価値をもっていることを「なりたい自分」と重ねている。

そして、第二連では花が咲く時期に注目し、「たんぽぽは　春の時計だ」と、黄色い花の開花によって人々に春を知らせる花であることが述べられる。開花したたんぽぽの花を見ることで、「『もう、春だなっ。』／という気分になって　心も体も軽くなる。」という。そして、第三連では、黄色い花がしぼんで「白いわた」をつけるときに注目する。語り手はあざやかな黄色い花を咲かせるときよりも「白いわた」をつけたときのたんぽぽが「一番きれいに見える」という。「ふーっと息をふきかけてやりたくなる」気持ちになるという。それはなぜか。それは、「白いわた」が「たくさんの人の心をおどらせようと　旅にでる」からであった。

このように、第二連、第三連では、たんぽぽの開花のようすやその時期、「白いわた」と呼ぶ綿毛とその種の拡散という事実をもとに、たんぽぽが人々のためになっていること（しようとしていること）に注目している。理科的にみれば修正しておくべきこと（たんぽぽが白い綿毛を使って種をとばす季節は秋ではない）があるものの、自分自身を、第一連ではたんぽぽそのものの特性に重ね、第二連や第三連では周りの人々のためになることに重ねている。そのことで、たんなる比喩の素材にすぎなかった「たんぽぽ」は、自分自身を象徴するものに異化されている。

思うに、たんぽぽに自分を重ねて託すという比喩の方法を取り入れたこのような詩の創作過程では、たんぽぽの特性を考えていく過程で、逆に自分自身のなりたい特性がそこで初めて浮かび上がってきているのではないかと思う。つまり、最初からたんぽぽのこういう特性と自分とを重ねようとすべてを決定してから創作が始まったのではなく、創作していくなかで（途中で）自分の将来についての新しいイメージが生まれてきたのではないかということである。この詩では、とくに第二連と第三連は、第一連と同じく二つの連で一つの内容的なまとまりをもつものでありながら第一連に比べて長い分量をもっていることから、あらかじめまとまっていた考えを書きとめたものではなく、書きながら連想や思考をめぐらせていくなかで生まれてきたのではないかと思われる。もしそうであるならば、創作過程そのものが書き手自身を異化する作用をもつものになっているといえる。

(3) 「比喩・象徴」でつなぐ詩の受容

では、次にこうした「比喩・象徴」を特徴とする読み教材をみてみよう。

ゆうひのてがみ（注6）

野呂　昶《さかん》

ゆうびんやさんが

注6　野呂昶『おとのかだん』（教育出版センター　一九八三年）二四・二五頁

ゆうひを　せおって
さかみちを　のぼってくる
まるで　きりがみのように
ゆうひを　すこしずつ　ちぎって
「ゆうびん」
ポストに　ほうりこんでいく

ゆうびんやさんが　かえったあと
いえいえのまどに
ぽっと　ひがともる

この詩は、「ゆうびんやさんが／ゆうひを　せおって／さかみちを　のぼってくる」という冒頭からすでに「比喩」の世界が始まっている。事実としては郵便配達人が坂道を上ってくるということだろうが、その背後には赤い夕日が鮮やかに輝いている。それを見ている語り手は郵便配達人が「ゆうひを　せおって」いるように感じているという比喩である。詩の冒頭から、そのような見方（比喩）で郵便配達人の行為と夕日とを関係付けるように、読者のものの見方にはフレームが当てられる。つづく四行めからは「まるで　きりがみのように／ゆうひを　すこしずつ　ちぎって／『ゆうびん』／ポストに　ほうりこんでいく」という。事実としては、郵便配達人がポストに郵便物を入れていく行為を指していると思われるが、三行目までで比喩的な見方で詩を読み始めた読者は、事実としての郵便物のイメージが異化されて「きりがみ」のようにちぎられた「ゆうひ」を重ねてイメージすることになる。

その結果、第二連の「ゆうびんやさんが　かえったあと／いえいえのまどに／ぽっと　ひがともる」という。事実としては暗くなったそれぞれの家の室内に明かりがともっている様子なのだが、ちぎられて、家々のポストに入れられた「ゆうひ」が室内で明るい「ひ」となっているようにも感じられる。比喩をみごとに用いて、夕日が沈む町並みの家々の窓に明るい光が次々とともっていくあたたかで平和な様子が美しく描かれている。この詩では「ゆうひ」や家々の窓に灯る「ひ」は、美しい夕日が沈む世界でそれぞれの家庭で営まれる人々のおだやかで平和な暮らしの象徴となっている。

西郷竹彦は、「ファンタジー」を「現実と非現実のあわいに成立する世界」と定義している。「現実の筋」（事実としての行為・できごとのプロセス）と「非現実の筋」（虚構の行為・できごとのプロセス）が二重に重なっている構造を西郷は「ファンタジーの構造」と呼び、この詩もそうした構造をもつものと評価している。（注7）この詩の場合、郵便配達人が夕日を背景に坂道を上り、各家のポストに郵便物を入れていったあと、辺りが暗くなったそれぞれの家の窓に明かりがともるというのが「現実の筋」である。その一方、「ゆうびんやさん」が「ゆうひ」を背負って坂道を上り、「きりがみ」のようにちぎられた「ゆうひ」を各家のポストに入れた結果、それぞれの家の窓には「ゆうひ」の一部が「ひ」となってともったというのが「非現実の筋」である。こういう「現実の筋」と「非現実の筋」が重なり合って展開していくのが「ファンタジーの構造」であるというのが西郷の考え方である。

この他、「比喩・象徴」を活かした教科書教材には次のようなものがある。

注7　西郷竹彦『名詩の世界　西郷文芸学入門講座　第2巻　ことばの芸術　言語・文法をふまえて』（光村図書　二〇〇五年）九六頁

夕日がせなかをおしてくる（注8）

阪田寛夫

夕日がせなかをおしてくる
まっかなうででおしてくる
歩くぼくらのうしろから
でっかい声でよびかける
さよなら　さよなら
さよなら　きみたち
ばんごはんがまってるぞ
あしたの朝ねすごすな

夕日がせなかをおしてくる
そんなにおすなあわてるな
ぐるりふりむき太陽に
ぼくらも負けずどなるんだ
さよなら　さよなら
さよなら　太陽
ばんごはんがまってるぞ

あしたの朝ねすごすな

雪（注9）

三好達治

太郎を眠らせ、太郎の屋根に雪ふりつむ。
次郎を眠らせ、次郎の屋根に雪ふりつむ。

イナゴ（注10）

まど・みちお

はっぱにとまった
イナゴの目に
一てん

注8　阪田寛夫『ぽんこつマーチ』（大日本図書　一九六九年）四四・四五頁
注9　三好達治『三好達治詩全集Ⅰ』（筑摩書房　一九七〇年）九頁
注10　まど・みちお『まど・みちお全詩集 新訂版』（理論社　二〇〇一年）三〇六・三〇七頁

もえている夕やけ

でも　イナゴは
ぼくしか見ていないのだ
エンジンをかけたまま
いつでもにげられるしせいで…

ああ　強い生きものと
よわい生きもののあいだを
川のように流れる
イネのにおい！

コラム

創作における「感動」のありか

白谷明美著『子ども・詩の国探検』（教育出版センター　一九九六）における実践例は、児童詩教育における「感動」のありかを考えるうえできわめて示唆的なものであった。そのなかからいくつかの特徴的な作品を紹介してみよう。

①山　　三年　荻島美香

山という字は
でんしんばしらが
おふろに　はいっているみたい
でんしんばしらは
ロケットになって
「ドーン」と
とびたいんだよ。

②三日月のドア　　三年　新巻豊子

三日月のドアをあけると
パッァー
と光の子どもたちが
でてくるんだよ。
ほしたちがあけるんだよ。

③なわ一本　　二年　まつとりあやこ

なわ一本
うちゅうのとおい
あまの川にひっかけた
四角いなわのロケットで
あまのがわにあっというまについた
きれいな小がわだったから

コラム

ロケットをうきわにした
ちょっとふかかったから
おぼれそうになった。

④いわし雲のわたがし
三年　田中しげる

秋
いわし雲が
ふわふわ
ふわふわ
じめんに
おりてきました。

一つ、二つ、三つ、四つ、
かぞえきれないほどおりてきました。

わたがし屋のおじさんが
ほいほいと
ひろってくれました。

おじさんは
くもに
ぼうをさして
夜店でうりました。

⑤つゆのおでかけ
四年　塚本涼二

花の目に
雨は
ごはん

鳥の目に
雨は
シャワー

かえるの目に
雨は
パーティー

つゆは　今日
はじめての　おでかけ

⑥川　　　　五年　元村直子

川はおふろ
夕日のおふろ
夕日は
一日のあせを
あかあかと
川のおふろに
ながす

（通し番号は引用者が便宜上つけたもの）

一読して、どの作品も子どもたちが詩的なレベルで自由に想をふくらませ展開して、楽しく創作している姿が想像できる。内容的に自分の生活や自分自身についての認識にもう少しの深まりがあればさらによいと感じられる部分もあるが、本稿ではそのことはさして問題ではない。注目されるのは、白谷の著書からこうした詩の世界の入り口に子どもたち全員を立たせるための細かい指導が随所に見られる点である。今回は、こうした詩の創作活動がどの子どもにも保償できていることの意味を深く受け止めてみたいと思う。そして、そうした手堅い指導が成り立つ背景について考えてみたい。

「先生、書くことがありません。」
「先生、何を書いたらいいの？」

たとえば、これらの子どもたちの言葉は、今も昔も変わらず文章表現指導を試みる教師たちが最初に克服しなければならない「壁」である。教師にしてみれば、文章表現指導でこそ育つ力を何とか子どもたちにつけたいと意気込んでいるが、そうした教師の意気込みとは裏腹に、子どもたちはあまり乗ってきてくれない。そして、書かせたいと思うことを教師があれこれ説明すればするほど、子どもたちの書く意欲は引っ込んで

コラム

いってしまう。

子どもたちは、言葉の上では「書くことがない」と言っているが、「書きたくならない」というのが、本音のようである。その後、子どもたちは教師に説得されてようやく重い腰を上げてペンを動かし始めるが、教師と子どもの意識や意欲の温度差はなかなか解消されまいまま、授業は重たく進んでいく。子どもたちは何の「感動（心の揺れ）」もないまま何やら教師の書いてほしそうなことを予想しながら書いている。

しかしながら、白谷のこの著書を読む限り、そうした「壁」はやすやすと克服されているようにみえる。本稿で紹介した作品に限らず、引用されているどの作品にも子どもたち一人ひとりの「発見的・創造的な感動」が読みとれるのである。

「はじめに感動ありき。」

私たちはこれまであまりにもこうした考え方のみを重視しすぎて創作指導を考えてこなかったか。これが本稿で提起してみたい問題である。つまり、子どもの生活経験のみから題材をふくめ感動したことを探させる指導をしてこなかったか、別の言い方をすれば、感動を伴った過去の経験のみを題材としてこなかったか、ということである。しかしながら、白谷の著書からはそうした「はじめに感動ありき」という考え方はまったくでてこない。

例えば、最初の①「山」という作品は、「ことばの形（漢字の形）に着目して」創作された作品である。②の「三日月のドア」という作品は「ことばの偶然の組み合わせを利用して」創作された作品である。導入段階の指導で、子どもたちに「名詞」を一つずつカードに書かせて、ペアとなった二人が偶然に選んだカードを組み合わせてタイトルにし、想を展開したものである。（この作品の場合は、「三日月」と「ドア」と書いたカードが選ばれた。）③の「なわ一本」は「モノ（なわ飛びのなわ）を使って」創作したものである。自由に形を変える「なわ」という素材を使って自由な想を展開させている。④の「いわし雲のわたがし」は、「映像（マンガ）を使って」創作したものである。子どもたちに四コマ漫画を書かせる経験を積ませたのち、マンガの部分を省略した文字だけの作品を書かせてでき上がったものである。そのため、作品は四連構成になっている。⑤の「つゆのおでかけ」は「書き手の視点を変えて」創作したものである。「～の目になって」どうみえるかを想像させて書かせている。最後の⑥「川」は「書き手の発想を変えて」創作したものである。「～は～だ。」と言い切りの形で比喩を使った表現を書き出しに書かせることでできあがっている。

これらの指導は、いずれも子どもたちにとって過去の生活経験を直接には題材にしなくとも詩が書けるような、きわめて方法意識のつよいものになっている。こうした指導は「はじめに感動ありき」といった、過去の生活経験（実体験）のみを題材とし、そこから感動のありかを捉えて書かせる従来の考え方ではでてこない指導の方法である。このことは、子どもたちの詩的な想を刺激し展開させるためには、かならずしも過去の生活経験（実体験）を起点としなくてもよいといった、いわば指導者側への発想の転換をもとめているようにも思われる。こうした白谷の指導観を端的に述べると、

「書くことで、今、感動が創出されていく。」

ものといえる。ただ、こうした考え方に立つと、子ども自身が生活経験を見つめたり考えたりする力が育たないのではないかという指摘がなされるかもしれないが、直接的な形で生活経験が表現されていなくとも、詩のなかに何らかの形でその子どもの生活認識や現実認識は投影されているものである。その意味で、詩を創作する上で要となる「発見的・創造的認識」を子ども全員に保償しようとする白谷のような指導こそ、詩の創作指導として重要であると思われる。実用的な文章を取り上げた「書くこと」の指導、すなわち報告文や意見文などの指導とは異なる詩歌などの文学的な文章の創作ならではの指導は、そうした「感動」抜きでは成り立たないと思われる。

第五節　感覚と言葉とが初めて出会う現場に分け入る——オノマトペ——

(1)　創作のレトリックとしての「オノマトペ」

オノマトペは「擬声語・擬態語」、あるいは「声喩」などと呼ばれることがあるが、本書においてはそれらを総称する用語として「オノマトペ」という語で統一する。

そもそもオノマトペとはどのような特性をもった言葉なのだろうか。それを、小野正弘は意味的な特性の面から、次のように説明している。(注1)

オノマトペの意味的特性の大きな特質は、とても実感的であるということである。オノマトペを用いると、描写が、具体的で生き生きとしてくる。たとえば、「大きく黒い犬」と言えば、とりあえず具体的な表現とは言えよう。しかし、これを、「大きく黒い、毛がむわむわの犬」と言ったらどうなるだろうか。「むわむわ」というオノマトペを、以前に聞いたことがないひとでも、その犬の毛が、ちょっと柔らかめでちぢれた感じで、暖かそうに犬の体全体を覆っている、というイメージが強く伝わってくるのではないか。これは、「むわむわ」を聞いたことがないひとでも、「むわっとした空気がコンサート会場を包んでいた」のような言いかたから類推するからである。(傍線引用者)

オノマトペによって、その描写が「実感的」で「具体的で生き生きとしてくる」という。具体例で示されたそれぞれの事例もなるほどと思う。すなわち、記号としての言葉をオノマトペとして用いることで現実のものごとがありありと描き出されている。

また、山口仲美もオノマトペの特性を次のように指摘している。(注2)

> 擬声語・擬態語は、言語のルーツにかかわる根源的な言葉でもあります。
> まずは、「たたく」「ふく」「すう」というごくふつうの動詞を思い浮かべてください。これらの動詞は、実は「タッタッ」「フー」「スー」という擬音語をもとにして作られた語です。「うざい」「しょぼい」「むかつく」なんていう若者言葉も、皆もともと「うざうざ」「しょぼしょぼ」「むかむか」という擬態語出身の言葉ですね。「徳利《とっくり》」なども、酒をつぐ時の音「とくとく」から出来た言葉です。
> (傍線引用者)

この指摘からは、意味を表す一般的な言葉のなかにはオノマトペをそのルーツとする事例があることが指摘されている。さらに、山口はオノマトペにおける「発音」と「意味」との特徴的な関係を次のように述べている。(注3)

注1　小野正弘『NHK　カルチャーラジオ　詩歌を楽しむ　オノマトペと詩歌のすてきな関係』(NHK出版　二〇一三年六月)六四頁
注2　山口仲美『NHK　日本語なるほど塾　ドキドキ　ドッカーン！　擬音・擬態語の世界』(NHK出版　二〇〇四年一〇月)一四頁
注3　山口仲美編『擬音語・擬態語辞典』(講談社学術文庫　二〇一五年)一七七頁

擬音語・擬態語の特色は、発音が意味に直結していることである。「ぱちぱち」という擬音語は、「ぱちぱち」という発音が、小さくて堅い物がはぜる音や拍手の音を表しており、意味に直結している。

ふつうの言葉、つまり擬音語・擬態語以外の言葉は、発音と意味とが約束によって結びついている。たとえば、「歩く」という言葉では、「あるく」という発音が、「足を使って前に移動する」という意味に直結しているわけではない。「あるく」という言葉は、そういう動作を表すと約束したからできた意味である。つまり、「約束」という媒介を経て発音と意味とが間接的に結びついているだけなのである。だから、「約束」を変えれば違う結びつきも可能である。

ところが、擬音語・擬態語は発音と意味が直結しているから、発音と意味の結びつきを変更することができない。発音が意味を左右しているからである。（傍線引用者）

私たちは、これまで言語学の基礎として、発音と意味とは言語によって恣意的に結びつけられた関係であると学んできた。たとえば、「水」というものの意味を日本語では「ミズ」と発音することで表すが、英語では「ウォーター（water）」と発音することで表すという具合にである。それぞれの言語にとって、音と意味の関係には普遍的なルールは存在せず、その関係は恣意的に決められた約束ごとにすぎないとされる。しかし、山口によれば、オノマトペは具体的かつ実感的な発音がルーツとなって意味を表す語彙へと進化していったため、発音と意味とが切り離すことができない関係になっているという。

こうしたオノマトペの特性は、その使用において私たちを言語そのものの生成現場に立ち会わせるような経験をもたらすことが考えられる。換言すれば、オノマトペには言葉（発音・意味）と世界（感覚・経験）

とが初めて出会う混沌の現場に人を連れ戻すような異化の機能があるということである。本稿では、ここにオノマトペがもつ機能、そして、私たちがそれを「創作のレトリック」として学ぶ意義（教材性）を確認しておきたいと思う。

(2)「オノマトペ」を活かした詩の創作

次に、創作のレトリックとしてのオノマトペについて目を向けてみたい。

その際、創作のレトリックとしてのオノマトペには二つの用法があること、すなわち、日常的な感覚・経験をこれまでにないオノマトペによって新しく表現すること、および、ありふれたオノマトペを新しい感覚・経験と結びつけることを確認しておきたい。これらオノマトペの用法をそれぞれ取り上げた児童詩の創作指導の実践事例に次のようなものがある。

山際鈴子は、「音、みっつけた」と題する単元において、小学校一年生に対する詩の創作指導を展開した。創作を促すための指示は、「同じことをしているのに、違う音がすることはないかな。そして、なんでそういう音の違いがあるのかも書けるといいね」である。この指導を受けて、子どもたちからは次のような作品が生まれた。

のこぎり（注4）

信田忠彦（一年）

のこぎりは、ギコギーコと　音を出す。

ぼくがきると、ぎこぎことなる。
力を出したら、のこぎりもおこって、ギギギギとなる。
足でおさえると、ジーギと　音がかわる。
のこぎりも、
　ぼくといっしょに、うたをうたいながら、ものを　きりたいんだな。

　かぜ(注5)

河村健太郎（一年）

はるのかぜは　そよそよ。
あきのかぜは　ひゅうひゅう。
ふゆのかぜは　びゅんびゅん。
なつのかぜは　しゅうしゅう。
かぜの力で　音がでます。
あたたかさが　ちがうから、音も　ちがいます。

　どちらの作品も、題材として選んだものごとや状況（感覚・経験）にぴったりと合うオノマトペ（言葉）を新たに創造することで、書き手にとっての感覚・経験と言葉（発音・意味）とを実感的に一致させている。次々に変化する一つひとつのものごとや状況に応じて感覚と言葉とが一致する現場に立ち返って、次々に新しいオノマトペを生み出していこうとする行為に、詩の創作学習における特徴がある。

また、山際はこの他にも単元「『ばたばた』って、何」と題する単元で、小学校四年生に対して詩の創作指導を展開した。創作を促すための指示は、「様子を表す言葉を一つ選び、どんな時に使われるかたくさん書こう。そして、最後にその言葉はどんな時に使われる言葉なのか、自分の考えを書こう。」であった。この指導を受けて、子どもたちからは次のような作品が生まれた。

バリバリ（注6）

竹谷和也（四年）

弟が、色紙をやぶっている。
ぼくが、しょうゆ味のせんべいを、おいしそうに食べている。
うすい氷をかなづちでたたいている。
弟が、しょうじをやぶっている。
ボールをぶつけてガラスをわる。
お母さんが、たくあんを食べている。

みんなくずれていく。
そして、みんな粉々になっていく。

注4　山際鈴子『かぎりなく子どもの心に近づきたくて』（教育出版センター　一九九〇年）四〇頁
注5　注4に同じ。四一頁
注6　山際鈴子『かぎりなく子どもの心に近づきたくて　パートⅡ』（教育出版センター　一九九五年）一〇三頁

もりもり（注7）

梅木千恵（四年）

お母さんが、好ききらいせず食べている。
わたしが、いっぱい食べて、太ったり育っている。
お母さんが、仕事中に、にくまんをぬすみぐいしている。
わたしの体力が、回ふくする。
お父さんが、きん肉を出す。
病気の弟が、元気になる。
お父さんが、うでたてふせをしている。

わたしの家族は、いっぱいのものを食べている。
体のじょうぶを、知らせている。

これらどちらの作品も、日常的によく使われるオノマトペ（「バリバリ」「もりもり」）を出発点として、それにぴったりと合うものごとや状況を選び出して創作されている。先ほどの「音、みっつけた」とは逆の創作プロセス、すなわち、オノマトペ（発音・意味）を出発点としてそれに実感的に一致する感覚・経験を想起するというプロセスで創作がなされているわけである。

そして、最後にそのオノマトペとは何を意味する言葉なのか、書き手なりに意味づけさせたりその価値を発見させたりしている。その意味で、同じオノマトペを取り上げた詩の創作であっても、先の単元が「音の発見」という側面からの詩の創作であったのに対し、この単元は「意味の発見」という側面からの詩の創作となっている点も特徴的である。

(3)「オノマトペ」でつなぐ詩の受容

次に、教科書に掲載されている「オノマトペ」を活かした詩教材に注目してみよう。

いろんな　おとの　あめ(注8)

岸田衿子

あめ　あめ
いろんな　おとの　あめ
はっぱに　あたって　ぴとん
まどに　あたって　ぱちん
かさに　あたって　ぱらん

注7　注6に同じ。一〇三頁
注8　岸田衿子『へんなかくれんぼ』(のら書店　一九九〇年)二六・二七頁

ほっぺたに　あたって　ぷちん
てのひらの　なかに　ぽとん
こいぬの　はなに　ぴこん
こねこの　しっぽに　しゅるん
かえるの　せなかに　ぴたん
すみれの　はなに　しとん
くるまの　やねに　とてん

あめ　あめ　あめ　あめ
いろんな　おとの　あめ

小学校低学年の教材として示されたこの「いろんな　おとの　あめ」という作品は、まさにオノマトペそのものを題材とした作品というべきものである。

取り上げられたオノマトペは「ぴとん」、「ぱちん」、「ぱらん」、「ぷちん」、「ぽとん」、「ぴこん」、「しゅるん」、「ぴたん」、「しとん」、「とてん」。子どもたちにとっては、聞いたことのあるオノマトペだけでなく、この詩で初めて知るようなオノマトペもある。すなわち、この詩には、常識的なオノマトペだけでなく新しく創造されたオノマトペも含まれている。ここでいう創造とは、雨水がぶつかる対象とオノマトペとが新しく関係づけられることによって、ことばとして新しく創り出されるものである。

たとえば、第二連七行目の「こねこの　しっぽに　しゅるん」に注目すると、こねこのしっぽに雨水があたるという場面が設定され、そのようすを「しゅるん」というオノマトペによって表現している。この「しゅるん」という語は、「しゅるしゅる」というコードなどを巻き戻すときの軽快な音を表す一般的なオノマトペをもとにして、軽快でありつつ一瞬にして消えてしまうようすをみごとに表している。このように、この「こねこの　しっぽに　しゅるん」という一行は、雨水とこねこのしっぽとを新しく関係づけることで新しくオノマトペが創造されているといえる。

こうした教材によって、子どもたちが知っている言葉をずらしたり変えたりして新しいオノマトペを創造したり、オノマトペを通して新しく関係づけることで関係性を創造したりしているところに異化の現象を認めることができる。

このほか、オノマトペに特徴をもつ教科書教材には次のようなものがある。

おおきくなあれ（注9）

阪田寛夫

あめの　つぶつぶ
ブドウに　はいれ
ぷるん　ぷるん　ちゅるん
ぷるん　ぷるん　ちゅるん

注9　阪田寛夫『ぽんこつマーチ』（大日本図書　一九六九年）四〇・四一頁

おもくなれ
あまくなれ

あめの　つぶつぶ
リンゴに　はいれ
ぷるん　ぷるん　ちゅるん
ぷるん　ぷるん　ちゅるん
おもくなれ
あかくなれ

はくさい　ぎしぎし（注10）

武鹿悦子

はくさい　ぎしぎし
しおをふって　ぎしぎし
おおきな　おけに　ぎしぎし
　山もりはくさい
ふた　のせて

しあげに　おもしが
どんと　すわる

はくさい　ぎしぎし
しおをふって　ぎしぎし
はりきる　かあさん　ぎしぎし
まぶしいはくさい
ちぢれたは
このつぎ　あうとき
おつけもの

注10　武鹿悦子『雲の窓』（大日本図書　一九九一年）八〇・八一頁

第六節　声に出して「からだ」と「居場所」を取り戻す──音韻・リズム──

(1)　創作のレトリックとしての「音韻・リズム」

日本語の音声的要素、および韻文としての詩歌にとっての音声的な特徴として「音韻・リズム」がある。とりわけ、五音や七音からなる表現を要素とした定型をもつ短歌や俳句には、「音韻・リズム」を活かした作品が多い。しかし、日本の伝統的な詩歌としての短歌や俳句だけでなく、詩においても「音韻・リズム」を活かした作品がある。近代における文語定型詩がそれである。しかし、文語定型詩は、その後、自由律を重んじる口語自由詩に主役の座を奪われていった。現代では文語定型詩をあえて創作する詩人もほとんど存在しない。

一方、子どもの詩歌の世界では、大正期に児童文化を牽引した雑誌「赤い鳥」を主な舞台として、「音韻やリズム」を一つの特徴とする「童謡」が数多く生み出されていった。北原白秋、野口雨情、三木露風などが、その代表的な童謡詩人であった。しかし、「音韻・リズム」を一つの特徴とする「童謡」に対して、その後、そうした特徴をもたない、いわば子ども向けの口語自由詩が生まれた。現在はそれら子ども向けの口語自由詩を「少年詩」と呼んで区別している。

その後、一九七〇年代に、こうした「童謡」や「少年詩」のどちらでもあるがどちらでもないような新しい詩が発表された。それが谷川俊太郎の詩集『ことばあそびうた』（福音館書店　一九七三年）であった。

そのようなことば遊びの詩を発表する意図について谷川は次のように述べている。(注1)

（引用者注　現代詩が「黙読」のみに偏ってしまったために）詩というものが本来もっている一種の肉体性・音韻性みたいなものが失われて、やはり詩の力、エネルギーみたいなものが弱まってきているのを感じたんですね。それでどうにか、そういう現代詩に戦時中の七五調みたいなものとはまた少々ことなる一種の肉体的な全体性、あるいは、音のおもしろさ、楽しさからくる共同性みたいなものを回復することはできないか、というふうに考えて始めたのが、ぼくのことばあそびなんです。

ここでは、現代詩が失ってしまった「肉体性・音韻性」、さらには「楽しさからくる共同性」を回復するために、戦前の五七調とは異なる新しい詩をもとめて創作したのが「ことばあそび」であったことが述べられる。こうした意図で創作された作品は、たとえば次のようなものである。

かっぱ(注2)

谷川俊太郎

かっぱかっぱらった
かっぱらっぱかっぱらった

注1　谷川俊太郎＋波瀬満子編『あたしのあ　あなたのア』（太郎次郎社　一九八六年）七・八頁
注2　谷川俊太郎『ことばあそびうた』（福音館書店　一九七三年）八頁

とってちってた
かっぱなっぱかった
かっぱなっぱいっぱかった
かってきってくった

促音である「っ」をふくむ語句を巧みに組み合わせて、一つの意味のまとまりのある内容を生み出している。しかし、ひとまとまりの意味を表すために促音のある語句でそれを表現するところに創作の意図はなく、促音のある語句を組み合わせることによって、ひとまとまりの意味が生まれないかと試行錯誤することで生まれた作品である。そして何より、声に出して読むことで、この詩はいっそうの魅力を放ってくる。私の指導経験から言っても、子どもばかりでなく大人である大学生たちに音読させても、教室は明るい賑やかさに満たされていく。

「音韻・リズム」を活かしたこうした作品によって、ふだんは自覚しない日本語そのものが異化されてくるだけでなく、音読によって作品が共有される「場」そのものが異化され、そこに「祝祭的・非日常的な空間」が出現するのである。

こうした「ことば遊び」を創作する場合、創作は自己表現であるという考え方を変える必要がある。そうした考え方の変化について、谷川は自らの創作体験から次のように述べている。(注3)

個性とか自己表現を重視する、近代芸術の考えかたが唯一のものではなく、自分の内なることばが、自分の外にあることばと交流するところに言語の働きがあり、ことばはむしろせまい自我を他者にむかって解き放ってゆくもので、そう考えると自分の貧しさにくらべて日本語の宇宙が歴史的にも地理的にも実に豊かだということが分ってきますし、また印刷メディアだけがメディアではなく、肉声による交流が、特にことばあそびにとって、欠くことができないということもあきらかになってきます。（傍線引用者）

「自分の貧しさにくらべて日本語の宇宙が歴史的にも地理的にも実に豊かだ」という指摘は、これまでの「自我」とか「個性」などを尊重してきた私たちの考え方を大きく揺さぶる。したがって、創作にあっては次のように考えていたといえるという。（注4）

〈ののはな〉（引用者注　谷川がはじめてことばあそびを意識して創作した作品をさす）につづいて私が私なりの〈ことばあそびうた〉をつくり始めたのは、私が自分というものの貧しさにくらべて、言葉の世界がいかに奥深く豊かであるかということに気づいたからだろう。自分に言葉をひきつけるのではなくて、自分が言葉の中に歩み入ろう、むしろ自分を消してゆく方向に、言葉の富は表れてくるのではないか、あとになってみるとそんな風に考えていたと言えるかもしれない。（傍線引用者）

このように、「ことば遊び」を創作するには、「自分を消してゆく方向に、言葉の富は表れてくる」という

注3　谷川俊太郎『ことばを中心に』（草思社　一九八五年）二四〇頁
注4　注2に同じ。二三七頁

考え方が有効なのであった。その意味では、「ことば遊び」は、水や空気のようにふだんは意識しない日本語そのものを「異化」するという機能をもっているだけにとどまらず、ことば遊びを創作するためには「自分を消す」ということ、つまり「自分自身」を異化することが伴ってくる。そしてさらには、できあがったことば遊びの詩を読み合う空間をも祝祭化・非日常化する、すなわち「場」をも異化するという機能をもっているといえる。つまり、ことば遊びの詩では、様々なレベルでの「異化の現象」が生まれるのである。ところで、こうした様々なレベルの異化の果てにあるのは、究極のナンセンスの世界である。この点について、谷川は向井吉人との対談のなかで、次のように述べている。(注5)

ことば遊びを日常的に書いていくってことができないんですよね。例えば、ことば遊びの本を二冊作ったら、これでちょっと止めって感じになるんだよね。言葉の面白さ本意で書いていくと、自分の表現がどうしても薄れていくところがあると思うんですよ。逆に、思いがけない自分の内部のものが抽き出されることも当然あるんだけれども。

ことば遊びの創作では、「自分」を消して(異化して)、「言葉」そのもののなかに没入していく。できあがった作品を交流する「場」では、作り手個々の個性が無化され昇華された、集団での祝祭性・非日常性が生まれてくる。日常性が異化されるそうした世界では「思いがけない自分の内部のものが抽き出される」といった意義や価値がある一方で、そうした世界だけに人は生き続けることはできないのも事実である。「ことば遊び」のもつそうした「危うさ」について、谷川はつづけて次のように述べている。(注6)

ことば遊びって、つきつめていくと結局ノンセンスに行きつくと思うんですよ。ノンセンスは極端に言うと、人間の実存に関わるわけですよ。つまり、人間は何で生きるんだとか、自分は何者かと誰でも考えているわけでしょ。しかし、みんな何となく日常の秩序の中で、その時その時の仕事をしたりして「こんなもんだ」と思って過ごしている訳ですよね。でも、年をとって退職し、子どもも成人して、自分の俗世界での役割がなくなった時、年寄りがよく鬱病にかかったりするじゃない。それと同じ問いかけを、ノンセンスは常に含んでいるって気がするんですよ。

僕らは言葉を使う時に、まがりなりにも意味を伝えようとして、意味を伝えることでお互いに連帯しようという事を前提に、言葉を使っているじゃない。だけど、ことば遊びは基本的に、そうした意味による連帯を破壊する方向に行くところがあるでしょ。じゃあ破壊されて何が出てくるかと言うと、実際には言葉で表現することができない一種の「世界の肌ざわり」とか「味わい」といったもので、それが、ことば遊びの究極の面白さ、存在意味ということになると思うんですよ。だからノンセンスにあまりにはまりこむと危険だという感じがあるんだよ。自分の日常性とか言語そのものが影響を受けて破壊されかねない。（傍線引用者）

谷川は、ことば遊びがもつ基本的性格として「意味による連帯を破壊する方向に行くところがある」ことを指摘し、この性格によって、「自分の日常性とか言語そのものが影響を受けて破壊されかねない」という危険性を指摘している。その意味で、ことば遊びの創作は、そもそもが日常的・継続的に行うといった性格

注5　「谷川俊太郎　向井吉人　対談　ノンセンスと遊ぶ子どもたち」（向井吉人『素敵にことば遊び』學藝書林　一九八九年）一頁
注6　注5に同じ。五頁

のものではない。たとえて言えば、効き目（効能）は絶大であっても副作用も同じようにつよい「薬」のような存在である。「音韻・リズム」を活かしたことば遊びの詩も、そういう特性を踏まえて学習指導の場に持ち込むことが大切である。

(2)「音韻・リズム」を活かした詩の創作

岡原和博は、谷川の『ことばあそびうた』をもとに子どもたちに創作させた。もとにした作品は次のものである。

やんま（注7）

谷川俊太郎

やんまにがした
ぐんまのとんま
さんまをやいて
あんまとたべた
まんまとにげた
ぐんまのやんま

たんまもいわず
あさまのかなた

この作品をもとに、小学校六年生を対象とした授業で、子どもが創作したのが次の作品である。

まんま（注8）

美枝

くるまでにげた
さんまのまんま
くるまをぬすんで
まんまとにげた

まんまとにげた
さんまのまんま
まんまとつかまり
あらまといった

注7　注2に同じ。四頁
注8　岡原和博『児童詩教育の方法　―想像力・認識力を育てる―』（自家製版　一九八九年）八二頁

「さんまのまんま」とはお笑い芸人の明石家さんまが出てくるテレビ番組の名前であるとともに、そこに登場する「まんま」という着ぐるみ人形の名前のことかと思われる。人気のテレビ番組を題材にしながら楽しく創作している姿が目に浮かぶ。それは、「〇〇ま」と最後に「ま」の音がくる三音の言葉を集めながら、それをパズルのように組み合わせて何とか意味のまとまりを創ろうと頭をひねっている姿である。もともとなった「やんま」という作品に対するスピンオフであるとともにパロディーにもなっており、できた作品を交流する場において、人気の作品であったに違いない。

また、岡原は、小学校六年生を対象とした授業で、次のような数え歌も創作させた。月曜日から日曜日までの最初の音韻を出発点にして、ストーリー性のある一週間の生活を創り出している。最後の「にゅういんした」というブラックな結末に、子どもらしい残酷なユーモアとやんちゃな遊び心が感じられる。

いっしゅうかん(注9)
明子

げつようび　けんかをして
かようび　かぜをひき
すいようび　すずめにばかにされ
もくようび　もんくをいいすぎて
きんようび　きげんがわるく
どようび　どかんにぶっかり
にちようび　にゅういんした

この他、向井吉人は、少しひねりを利かせたことば遊びを創作させた。次の作品である。（注10）

くものむこうになにがある
あるくと家からはなれてく
てくりてくてくあるいてる
てるてるぼうずもちながら
がらすをつくるおとうさん
さんすうすいすいおもしろい
い
もしもしそうなのでんわです
てすとはこわいどうしよう
ようようついたらわれちゃった

（金森淑恵）

七五調のリズムにのせて、軽やかに語られる内容は、よく読むと脈絡のないナンセンスである。しかし、ではこの詩がどういうルールで創作されているかとよくよく見てみると、前行の最後の「二音」が次の行の最初の「二音」になっていることに気づく。「くものむこうになにがある」「あるくと家からはなれてく」

注9　注8に同じ。八五頁。
注10　向井吉人『ことば遊びの授業づくり』（明治図書出版　一九九六年）一〇六・一〇七頁

「てくりてくてくあるいてる」……のようにである。音韻とリズムとの両方を創作の条件とした難易度の高い作品である。創作した子どもにとって、できあがったときの達成感は大きかっただろう。

このように、こうした創作とできあがった作品の交流によって、「日本語」、「作者自身」、「交流の場」のそれぞれに異化が生じ、祝祭的・非日常的な空間のなかで、身体性を伴った一体感や高揚感が生まれただろうと思われる。

(3)「音韻・リズム」でつなぐ詩の受容

次に、教科書に掲載されている「音韻・リズム」を活かした詩教材に注目してみよう。

あいうえおにぎり(注11)
ねじめ正一

あいうえおにぎり
ぺろっとたべて
かきくけころっけ
あつあつたべて
さしすせそーめん
するするたべて

たちつてとんかつ
むしゃむしゃたべた。
なにぬねのりまき
ぱくっとたべて
はひふへほかまん
ふうふうたべて
まみむめもなか
もぐもぐたべた。
やいゆえよーかん
まるごとかじり
らりるれろっぱい
ごはんをたべて
わいうえおもちも
んとたべた。

五十音の各行の最後の音に注目し、その音から始まる食べ物をどんなオノマトペで食べるかを七音の連なりで調子よく歌っていることば遊びの詩である。各行の最後の音韻をつかって、「おにぎり」、「ころっけ」

注11　ねじめ正一『あいうえおにぎり』（偕成社　二〇〇一年）

「そうめん」など、子どもになじみのある食べ物が五十音とともに次々と登場してくる。また、その食べ物をどんなオノマトペで食べるかについても、一部を除いてその食べ物にぴったり合うようなオノマトペが選択されており、調子のよいリズムでもってすぐに暗記してしまえるような楽しい歌となっている。

ちなみにこの作品は一年生の教科書に収録された作品である。小学校の入門期にあって、ことば遊びであるとともに、ことばを学習（習得）させるという指導的な目的や意図が感じられる。このように、教科書に掲載されたことば遊びの詩には、子どもたちに音韻の仕組みや秩序を楽しくかつ効果的に習得させることを意図したものが少なからず含まれているのも特徴である。ただ、創作意図において「遊び」のなかに必須の条件としてあえて「指導」を組み込もうとしている分、詩としての完成度は必ずしも高くはない。

このほか、「音韻・リズム」に特徴をもつ谷川俊太郎の『ことばあそびうた』には次のようなものがある。

いるか（注12）　　谷川俊太郎

いるかいるか
いないかいるか
いないいないいるか
いつならいるか
よるならいるか
またきてみるか

いるかいないか
いないかいるか
いるいるいるか
いっぱいいるか
ねているいるか
ゆめみているか

ののはな(注13)

谷川俊太郎

はなののののはな
はなのななあに
なずなのはな
なもないのばな

注12　谷川俊太郎『ことばあそびうた』（福音館書店　一九七三年）一四頁
注13　注12に同じ。二頁

コラム

ことば遊びが「詩」になるとき

一九八〇年代の後半あたりから「ことば遊び」が国語教育の世界で広く取り入れられてきた。「国語ぎらいの子どもたちに何とか国語学習の楽しさを感じさせたい」、「学びへの意欲が低下した今の子どもたちに生き生きした活動をさせたい」など、教師の切実な願いがこうした「ことば遊び」への注目につながったともいえる。その意味で、「ことば遊び」はわが国の児童詩教育界の内部的な必然性というよりは、国語教育界、そして広くは教育界全般の必然性から注目されるに至ったものであった。

こうした事情は、「ことば遊び」で何を育てるかについて、「詩の創作指導」に限定されないさまざまな指導のアプローチを生み出してきた。もちろん、「詩の創作指導」として取り上げる場合もあるが、それはいわば傍流に属し、多くは「言語事項のトレーニングを楽しい活動に」といったアプローチや、「特別支援教育の一方法」というアプローチ、さらには、「学級びらきにおける授業の導入の一方法」、「国語科における言語感覚を育てる指導法」などというアプローチもある。こうしたさまざまなアプローチを許容できるのは、まさに「ことば遊び」のもつふところの深さに負うところが大きい。

しかし、「ことば遊び」のもつこうしたふところの深さが、かえってどう扱えばよいのかの観点をあいまいにしてしまっていることも否めない。「ことば遊び」のもつ「いろんな場に対応させうる適応性」がかえって、どのように取り上げればよいかわからないといった迷いを生み出しているように思われる。そこで、今回は「詩の創作指導」の立場から、「ことば遊び」を「詩」として取り上げるときのポイントを、具体的な作品に即していくつか提案してみたい。

一般に、「遊び」という概念は、「学習」や「仕事」などと対比され、一種の非実用性・非生産性・非日常性などをもつことをその特質としている。しかし、そうした行為であるとはいえ、そこには、R・カイヨワが「遊びの定義」の中で述べているように〈R・カイヨワ『遊びと人間』（岩波書店　一九七〇年一〇月）一三・一四頁〉、その内部にルールが確立していなければ成り立たない。そこで、「詩してのことば遊び」にはどのようなルールが必要かを考えてみると、そこには次の四つが想定される。一つ目は「文字や形（文字配列の仕方を含む）」、二つ目は「音やリズム（音やリズムの利用の仕方を含む）」、三つ目は「イメージ（イメージの浮かべ方）」、四つ目は「意味（意味のずらし方）」である。これら四つの要素は、ことば遊びの「ルール」を生み出す要素であるとともに、詩を生み出すレトリック、すなわち「創作のレトリック」が機能する要素をも兼ね備えたものといえる。

ところで、「ことば遊び」がその内部にこれらの四つの要素（文字や形、音やリズム、イメージ、意味）を特徴としていれば「詩」になるかといえば、必ずしもそうではない。「詩」とは言い難いたんなる「ことばのエチュード」のような作品にも、こうした要素が何らかの形で入っている場合が多いからである。したがって、これらの要素は「詩としてのことば遊び」にとって必要条件ではあるが十分条件ではない。「詩」としての表現活動にとって大切なことは、そうした要素を遊び内部の「ルール」として踏まえながらも、そこに書き手である子どもの「発見的認識」を創出しているかどうかである。これは、「ことば遊び」を「詩の創作指導」とするためには、外すことのできないポイントであるように思われる。

次に、これらの四つの要素を「遊びのルール」かつ「創作のレトリック」として機能させた「詩としてのことば遊び」の事例をみてみたい。

コラム

① 文字や形

阪神優勝大バーゲンセール　敏司

人人人人人人人人人
人人人人人人人人人
人人人人人人人人人
人人人人人人人人人
人人人人人人人人人
人人人人人人人人人
人人人人人人人人人
人人人人人人人人人
人人人人人人人人人
人人人人人人人人人
人母兄人人人人人人
人僕人人人人人人人
人人人人人人人人人
人人人人人人人人人
人人人人人人人人人

〈岡原和博『児童詩教育の方法　―想像力・認識力を育てる―』（自家製版　一九八九年）二三四頁〉

この作品は、状況を文字だけで表現してみるという条件のもとで、作者が体験したバーゲンセールの混雑ぶりをまるで一枚の絵のように表現したものである。文字の配列を工夫することでこのように視覚的に鮮やかな作品として仕上げているのはみごとである。混雑の中でひしめきあっている家族のとまどいさえも感じられてくる。また、逆に、阪神の優勝に乗じたバーゲンに夢中になっているこの家族や人々の喜びを感じることもできる。いずれにせよ。文字を視覚的に利用しその配列そのもので表現するという条件が、このような文字構成意識を誘い出し、自分の体験をこのように視点を変えた位置から突き放して見ることを可能にしたのであろう。表現方法の条件が自分の体験を改めて発見的に見つめることを誘った作品といえる。この作品を指導した岡原和博はこれを「《ながめて読む》詩」と名づけている。

② 音やリズム

わりばし

五年　中塚弘恵

わ　んこそばを食べる時にも使う。
り　んりんと風鈴がなると、そうめんを食べる。
ば　りっとわると、一本が二本になる。
し　まう時は、ふくろにいれてしまつする。

〈山際鈴子『かぎりなく子どもの心に近づきたくてⅡ』
（教育出版センター　一九九五年）五二・五三頁〉

この作品は、「わりばし」というモノの特徴を、各行の冒頭の文字「わ・り・ば・し」で頭韻をふませる条件で書かせたものである。「音」を条件として書かせた例といえる。この条件なしにたんに「わりばしの特徴を考えて見つけましょう」と指示した場合と比べて、各行の冒頭の音がわりばしの特徴を表す言葉を想起させるハードルであると同時にそうした言葉の誘い水にもなっている。

できあがった作品からは、「わりばし」の特徴と自分の知っている語彙とを頭のなかで一つ一つ結びつけながら、丁寧にその特徴を探して表現している作者の姿が目に浮かんでくる。各行の内容的なつながりから言えばかならずしもすっきりした作品とは言えないかもしれないが、子どもらしい発見を感じることのできる作品である。書き上げたとき、作者である子どもはまるでパズルを解いたような達成感を味わったに違いない。

また、「リズム」に注目した作品については紙幅の都合で本稿では省略する。

③ イメージ

□　　（心臓）

私は一生
働かなくてはいけない
とじこめられた
動物

コラム

コンクリートの［　　　］（ぼくたち）
校舎に
はいっている

［　　　］（時計）
ノッポ同士の運動会

〈府川源一郎「イメージをふくらませる ―「見立て」の詩の場合―」（田近洵一・ことばと教育の会編『教室のことば遊び』教育出版　一九八四年七月）七〇・七一頁〉

この作品は、「見立てる」という条件で一種のなぞなぞのように仕上げている作品である。空欄の下にある（　）にはその答えが書かれている。

ところで、「見立てる」という創作条件には「比喩」という方法が内在している。また、「比喩」という行為には関係性の発見という機能が内在している。

この指導では、答えとなる既知の題材を別の角度から捉え直し、これまでの別の文脈で使われていた語やフレーズのもつ「イメージ」との新しい関係を見つける活動を仕組んだことになった。

④　意味

パロディーのいろいろ（　）は素材となったもの

☆ことわざ

○いたずらは急げ（善は急げ）

○犬も歩けば影も歩く（犬も歩けば棒にあたる）

☆標語

○値上がり用心、借金用心（戸じまり用心、火の用心）

○こみ合う日本、急がないとどこにも行けない（せまい日本、そんなに急いでどこへ行く）

☆百人一首

○秋すぎて冬来にけらし白たへの衣ほすと衣カチカチ（春過ぎて冬来にけらし白たへの衣ほ

すてふ天の香具山〉
○終わりの日来るものとは知りながらなお恐ろしさ通信簿かな（君がため惜しからざりし命さへ長くもがなと思ひけるかな）
〈牛山恵「8　パロディー」（田近洵一・ことばと教育の会編『教室のことば遊び』教育出版　一九八四年）二一八・二一九頁より抜粋〉

それぞれの作品を見てみると、もととなった作品の表現内容がもっている一首の権威や意味としてのまとまりがしなやかに反転させられたり崩されたりして、楽しく個性的なものの捉え方になっている。こうした安定的な価値をもつ対象の意味を揺さぶったり反転させたりする行為は「パロディー」と呼ばれる。こうした活動をした場合、ただたんに対象をちゃかすだけの作品も当然生まれてくるし、そうした作品にもそれなりの意義が認められるが、そこで働く対象に対する批評精神が何らかの形で自己認識や人間認識、社会認識を発見的に拓くことを期待したいものである。

「詩とは発見そのものである。」〈大岡信「NHK市民大学　詩の発見」（日本放送出版協会　一九八五年七月）〉という言葉がある。「詩」が「詩」であるための条件を洗練された形で端的に言い当てたものである。もちろんこれで「詩（ポエジー）」のすべてを網羅することはできないが、「発見」が「詩」にとってきわめて重要な役割を占めていることはまちがいない。

その意味で、「ことば遊び」が「詩」になるためには、その遊びが「夢中になれるような楽しさ」をもつと同時に、日常的に使い慣れたはずの母語としての日本語（ことば）を捉え直すための「ルール」があること、そして、そのルールを「創作のレトリック」として生かして発見的認識が生まれることが同程度にはずせない条件といえる。

第七節　漢字と戯れ、文字をオブジェとして眺める——文字・フォルム——

(1)　創作のレトリックとしての「文字・フォルム」

「日本語」という言語そのものを異化することで詩の世界を創り出す方法として、第六節では日本語の「音韻」に注目し、韻を踏む方法によって「リズム」ある調子のよい歌がうまれることを示した。本節では、同じく「日本語」そのものを異化するもう一つの方法として「文字種」の違いが与えるニュアンスの違いや「文字」のもつフォルムなどに注目して、視覚的な美（おもしろさ）を創り出す詩の創作を取り上げる。

大塚常樹は、詩のもつそうした特性、すなわち「詩の視覚性」について、次のように説明している。(注1)

詩は意味と音楽性（音）に加えて視覚性も重視される。ソネット等に見られる、連と行数の重視も視覚的な意味合いを持つ。極めて戦略的な視覚構成芸術を目指したタイポグラフィー（typography）では、活字の形や大きさを主に利用する。活字には！や●等の記号も含まれる。また改行や余白もそれ自体が意味を持つことが多い。

また、字はそれ自体が形を持ち、その形によって受けるニュアンスが異なるから、同じ概念を表現するにも、ひらがな、カタカナ、漢字、アルファベットの違いによって、受けるニュアンスも異なったものになる。

大塚は、詩において注目される「視覚性」として、記号を含む「活字の形や大きさ」に加えて、「改行や余白」も利用して詩が創作されることを述べている。さらには、日本語における文字種の違い「ひらがな、カタカナ、漢字、アルファベット」の違いが受け手に与えるニュアンスが異なることも、文字を活かした創作にとって大切な要素になっているとする。

嶋岡晨も、文字の「視覚的効果」が生み出す詩的なイメージに注目し、大塚と同様の趣旨を次のように述べている。(注2)

日本語のばあい、イメージは、あることばの意味や色彩感や音のひびきによるだけでなく、文字そのものの視覚的効果からもまた、かなり大きく作用されます。だれでも知っているように、日本語は、漢字・平がな・片かなを、ときにはローマ字をも混用して表記されます。日本語を習得しようとする外国人にはわずらわしいこの表記法も、使い慣れたわたしたちにはなかなか便利なもので、時に応じて漢字・平がな・片かなを使い分けているので、その視覚的効果のちがいも容易に理解できるでしょう。詩人たちは、そのちがいを、詩の題材に応じ、表現の意図や制作時の心理的必然に応じ、また独自の美意識に応じて、巧みに利用してイメージを創出します。

そして、それぞれの文字種がもつ印象（視覚的効果）について、まとめて示せば次のように指摘している。

注1　大塚常樹「詩の視覚性」（安藤元雄・大岡信・中村稔監修『現代詩大事典』　三省堂　二〇〇八年）三一一頁
注2　嶋岡晨『詩のたのしさ』（講談社現代新書　一九七七年）六〇頁

漢　字　男性的で力強い印象
平がな　女性的で優しくなよやかなイメージ
　　　　こまやかな心理のあやを表現するのにもぐあいがよい
片かな　鋭く明快な印象
　　　　こころに突き刺《さ》さるようなイメージ
　　　　厳《きび》しい倫理感、軽快なしゃれた感覚

文字種が生み出すこうした印象（視覚的効果）は、もちろん個人によって異なるものであり、ここに示したイメージや印象、感覚も、嶋岡の主観に基づくそれにすぎないという面がある。その意味では、作り手の意図が受け手にそのまま伝わるというものではない点には留意が必要であるが、文字種がもたらすこうした印象の違いは、一種の「言語感覚」の問題として、国語教育において大切にしたい要素である。

ところで、文字のもつこうした視覚的特性を積極的に活かして創作された詩に次のようなものがある。

＊（注3）　　　　　春山行夫

白い少女　白い少女　白い少女　白い少女　白い少女　白い少女
白い少女　白い少女　白い少女　白い少女　白い少女　白い少女
白い少女　白い少女　白い少女　白い少女　白い少女　白い少女

白い少女　白い少女　白い少女　白い少女　白い少女
白い少女　白い少女　白い少女　白い少女　白い少女
白い少女　白い少女　白い少女　白い少女　白い少女
白い少女　白い少女　白い少女　白い少女　白い少女
白い少女　白い少女　白い少女　白い少女　白い少女
白い少女　白い少女　白い少女　白い少女　白い少女
白い少女　白い少女　白い少女　白い少女　白い少女
白い少女　白い少女　白い少女　白い少女　白い少女
白い少女　白い少女　白い少女　白い少女　白い少女
白い少女　白い少女　白い少女　白い少女　白い少女

この詩は、日本語の文字のもつ日常性を極端に切り捨てる（異化する）ことで、新しいイメージ美を創造しようとした作品である。嶋岡はこの詩を「白い体操服を着て運動場に整列した女生徒たちとも、少女のような白い花の群れとも取れるイメージが浮かんできます。[注4]」と述べている。この詩では、文字が絵画の具材（絵の具）のように用いられることで、「白い少女」という一つひとつのことばが、意味をもった文字でありながら、いくつかの線を組み合わせたデザインの一種のようにも見えてくるところが魅力となっている。

注3　春山行夫の作品「ＡＬＢＵＭ」に収められるものの一部である。（『植物の断面』厚生閣書店　一九二九年）六二・六三頁

注4　注2に同じ。七三頁

しかしながら、こうした「文字・フォルム」を活かした詩は、第六節で紹介した、日本語そのものの特性としての「音韻・リズム」を活かした詩と同様に「危うさ」をもっている。その点を嶋岡は次のように指摘する。(注5)

ことばを単純に絵画における材質《マチエール》のように扱い、ことばのもつ意味性や論理性さらには思想性を排《はい》除《じょ》していくような傾向は、しょせんせまい局部的な魅力しか詩にもたらさないはずで、また、その方法自体、類型化しやすい弱点をもっています。ことばをオブジェ（object 物）として扱うことは詩人の特権ですが、ことば自体はけっしてオブジェになりきれるものではなく、意味や論理や情緒をかかえこんだ、多様な性格を示す一種の生きものです。そこのところをわきまえていないと、詩人は、ことばに対し、またそのイメージに対し、責任をもたない技術者《エンジニヤ》にとどまるはずです。

その「危うさ」を嶋岡は、表現が「類型化しやすい弱点」、および書き手が「責任をもたない技術者《エンジニヤ》にとどまる」点をあげている。「責任をもたない技術者《エンジニヤ》」とは、文字をオブジェとして用いることそのものを目的としてしまってことばのもつ意味・論理・思想の側面を見失っているだけでなく、詩の文学性や芸術性をも見失ってしまっているような人を指している。こうした主張の背後には、そもそも言葉（文字）という存在が「けっしてオブジェになりきれるものではな」いと嶋岡が考えている点がある。しかしながら、言葉（文字）がそもそももっているそうした特性があるがゆえに、文字をオブジェとしてあえて眺めることで、言葉（文字）の日常性がはぎ取られて新鮮なものとして見直される点に異化の現象が生まれるのも事実である。詩的方法として深く追求したり継続的に取り組んだりするものにはならないにしても、こうした認識や表現の方法は、詩の教材性からみたとき言葉を新しく見直すという面で、嶋岡の言葉を使えば「局部的」には有効性をもつものと考えられる。教室に持ち込む際に留意しておきたいポイントである。

(2)「文字・フォルム」を活かした詩の創作

向井吉人は「部首ばなし」と題して、漢字の部首の種類に注目した次のようなことば遊びの指導を行った。(注6)

●授業での遊び方

1 特定の部首の漢字を知ってる限り書いてみる。まず各自でメモして、発表し合いながら黒板を埋めていく。発表のしかたも、熟語を言う、訓読みを言う、つくりを言うなど様々。

2 二つ合わせた熟語ができないかどうかを検討する。「氵」の場合、清潔、湖沼、深浅、港湾、漂流、洗濯、沈没、浮沈などができる。

3 いくつかの漢字を使って短い文をつくり、発表し合った後、各自で創作する。文章の長短は問わない。

4 面白い作品を紹介したり、他の漢字をたずねられたりしているうちに終わる。(作品は「学級だより」のネタにしたりして、公表する)

●作品の例

○沖縄へ行って澄んだ海に舟を出して、漁の手伝いをした。満潮だったのでよくつれた。

注5 注2に同じ。七三・七四頁
注6 向井吉人『ことば遊びの授業づくり』(明治図書出版 一九九六年)一五四・一五五頁

（成田佳子）

○江戸時代から明治時代にかわった。／魔法をつかって太平洋をもちあげる。／みそ汁を池にすてている。（鯉沼亘）

○汽車で渋谷に行ったら、江川と清原が泣いていたので酒をあげた。そうしたら泣きやんだ。（のでサインをもらって帰ってきた。）（橋本絢子）

○海に深く沈んだ油。／大沢という人は、船の上で波に浮んで漁をして生活をしていたけど、最近、魚は減少しています。（市倉茂雄）

○朝、母がお湯をわかしてみそ汁を作っていたら、子どもがその中に油を入れてしまった。子どもはおこられて泣いてしまった。（上野友恵）

また、向井は「漢字しりとり」と題して、漢字の熟語の読み方に注目した次のようなことば遊びも行った。(注7)

●授業での遊び方

1 ひらがなの〈しりとり〉をやって、熟語（漢字二字以上のことば）でもできることを確かめる。例えば、「学校」と黒板に書き、「校□《ナントカ》」となる熟語を考え合う。学校→校庭→庭園→園長→長島……

2 右の例で、「長」を音読みから、訓読みに変えているが、これは認めている。いずれの読み方でも熟語を構成するからである。また、「長島」は、かのヤクルト球団の、あるいは、広島カープ背番号0の人物であるとしたら「名前でもいい?」となるが、わたしは「いいんじゃない」と言う。

3 遊び方が理解されたら、「じゃあ続きをやってみよう」としたり、新たにスタートの熟語をいくつか提示したりして、辞書を使わせながら、遊ばせる。(「ことばの意味もよく読め!」などといいつつ、質問されたりしながら、遊びぶりを眺む)

4

3ができないと、「□を□にする」はうまくいかないと思う。あらかじめ、教室全員でやってみることが必要。最後の熟語の上の漢字をにらみつつ〈しりとり〉をしていかないと、いつまでも終らない。

○十個以上の熟語を書いてつなげよ

○できるだけ短くしなさい

といった、技法上の制約をつけてもよい。かつて無制約でやったとき、「社会→理科」で、「社会→会席料理→理科」とやった子がいた。

●作品例

○動物を人間にする(石塚皆子)

動物→物音→音色→色紙→紙質→質的→的中→中国→国外→外人→人間

○若人を老人にする(谷田部秀夫)

若人→人間→間食→食品→品目→目先→先年→年末→末日→日光→光熱→熱中→中老→老人

○草原を花園にする(上野友恵)

草原→原形→形見→見物→物品→品切→切手→手羽→羽毛→毛色→色紙→紙上→上級生→生花→花園

注7 注6に同じ。一五七・一五八頁

向井が指導したここに紹介した二つの創作指導は、どちらも文字種としての漢字を取り上げ、その漢字の部首や熟語に注目したことば遊びの創作をさせている事例である。漢字の部首や熟語に注目すること、それらをそれぞれ創作のルール（制約）として「意味的なまとまりのある文」を創ったり「しりとり」をしたりすることで、思いがけないユーモアのある文が生まれたり、しりとりによって言葉の意味が大きく変えられたりしている。こうした創作によって、日常的には意味を伝達するためのことばはその機能をはぎ取られて楽しく異化され、学習者たちはそれぞれにことばを新鮮に捉え直していることだろうと思う。

また、岡原和博は、先に紹介した春山行夫の「白い少女」の詩の手法をもとに、小学校四年生を対象とした授業で、次のような作品を創作させた。

阪神優勝大バーゲンセール（注8）

敏司

人人人人人人人人人
人人人人人人人人人
人人人人人人人人人
人人人人人人人人人
人人人人人人人人人
人人人人人人人人人
人人人人人人人人人

人人人人人人人人人
人人人人人人人人人
人人人人人人人人人
人母兄人人人人人人
人僕人人人人人人人
人人人人人人人人人
人人人人人人人人人
人人人人人人人人人

プロ野球の阪神が優勝したことを祝って、百貨店などが「優勝セール」を行うことがあるが、そうした風景を文字が創り出す「フォルム」として表現した作品である。「優勝セール」に詰めかけた人々でごったがえす売り場の様子、その人混みにもまれながら買い物をする家族三人（「僕」、「兄」、「母」）の様子が俯瞰的に視覚化されている。日常的な生活風景があえてこのような「文字・フォルム」を活かした詩の表現にされることで、作者の実体験は異化され、ユーモラスなものへと変容している。

注8　岡原和博『児童詩教育の方法　―想像力・認識力を育てる―』（自家製版　一九八九年）二三四頁

(3)「文字・フォルム」でつなぐ詩の受容

では、次にこうした「文字・フォルム」を教材性とする読み教材をみてみよう。

風景　純銀もざいく(注9)

山村暮鳥

いちめんのなのはな
いちめんのなのはな
いちめんのなのはな
いちめんのなのはな
いちめんのなのはな
いちめんのなのはな
いちめんのなのはな
かすかなるむぎぶえ
いちめんのなのはな

いちめんのなのはな
いちめんのなのはな

いちめんのなのはな
いちめんのなのはな
いちめんのなのはな
いちめんのなのはな
ひばりのおしやべり
いちめんのなのはな

いちめんのなのはな
いちめんのなのはな
いちめんのなのはな
いちめんのなのはな
いちめんのなのはな
いちめんのなのはな
やめるはひるのつき
いちめんのなのはな。

注9　山村暮鳥『山村暮鳥全詩集』（彌生書房　一九六四年）一〇一・一〇二頁

各連とも九行にまとめられた三つの連には、どれもすべて「ひらがな」で「いちめんのなのはな」と書き連ねられている。そのことで、やわらかい菜の花が見渡すかぎりの空間いっぱいにひろがって、明るい黄色い花を咲かせている様子がイメージされる。各連の八行目には、「かすかなるむぎぶえ」、「ひばりのおしゃべり」、「やめるはひるのつき」がそれぞれ記されているが、すべて同じひらがなで同じ文字数であることから、「いちめんのなのはな」の世界から、かすかに聞こえてくる音やかすんで見えるものとして、ひっそりと存在しているように感じられる。意味を伝えるための言葉を使って同じことを述べた場合と比べると、その印象の違いは明らかで、「文字・フォルム」のもたらすこうした視覚的効果を最大限に生かすことによって、日本語そのものが鮮やかに異化されている。

このほか、「文字・フォルム」に特徴をもつ教材詩には、次のようなものがある。

おおきな木(注10)

島田陽子

おーい
おおきな木
おおきなって
おおきなえだ　ひろげて
おおきなかげ　つくってくれて
おおきなとりや　ちいさなとりや　ようけのむしも
おおきなひとや　ちいさなひとや　いぬねこたちも
おおきに　おおきに　いうて
おおきに　おきにいりの
おおきな木　天まで
おおきなれ
おーい

注10　島田陽子『おおきにおおさか』（編集工房ノア　一九九九年）六八・六九頁

とびばこ　だんだん（注11）

藤哲生

とびばこ
とべたぞ
だんだん

だん
だんだん
だんだんだん
だんだんだんだん
たかくなるたかくなる
とべるかなとべるかな
とべるよなとべるよな

はしってだん
ころげてだん
しりもちだん
あせかきだん

ためいきだん
とびばこ
だんだん
かいぶつだ
かいぶつだん

注11　藤哲生『秋いっぱい』（銀の鈴社　一九九一年）五四・五五頁

第八節　ふるさと言葉に切り替えてそのキャラクターになる

――方言・語り口――

(1) 創作のレトリックとしての「方言・語り口」

詩人の川崎洋は、全国の方言詩を収集し、その成果を『日本方言詩集』にまとめた。この詩集の「あとがき」で、川崎は方言詩の意義を次のように指摘している。(注1)

> 方言詩は読むより朗読を聴くに限るという。確かにそうだ。朗読では方言の韻が生き生きと波打つ。『日本方言詩集』の作品も朗読で聴けばより濃密にポエジーを享受することができるだろう。そうした場を設けることを考えたいと思う。一方で書き言葉としての共通語自体がより成熟し、その抽象能力や想像力を高める働きを大事に考えたいことは言うまでもない。しかし文学表現全体に言葉の肉体性がかなり衰弱している現在、方言詩は詩の言葉の再生を強く示唆しているのではないか。（傍線引用者）

川崎は、現代の文学表現は肉体性が衰弱しているとし、方言詩が詩の言葉（表現の肉体性）の再生を示唆するものと捉えている。これは、第六節で谷川俊太郎が「詩というものが本来もっている一種の肉体性・音韻性みたいなものが失われて」いるという指摘（169ページ）と相通じるものがある。すなわち、川崎も谷川も、現代詩が弱体化している理由を言葉の「肉体性」の衰弱に見いだし、それを回復・再生する道をそれぞれに模索していたということができる。そして、川崎の場合、それは「方言詩」によってであった。

詩人の島田陽子は、川崎・谷川らのそうした試みに刺激され、自らも子ども向けの方言詩を創作した。それが方言詩集『大阪ことばあそびうた』である。(注2) この詩集には、たとえば次のような作品が収められている。

へんなまち(注3)

島田陽子

きやはる　しやはる　いいやはる
よびはる　まちはる　あるきはる
はるはる　おおさか　はるのまち

よめはん　むこはん　おかあはん
おまはん　おばはん　たなかはん
はんはん　おおさか　はんがすき

注1　川崎洋編『日本方言詩集』（思潮社　一九九八年）二一三頁
注2　後注（222ページ）参照。
注3　島田陽子『大阪ことばあそびうた』（編集工房ノア　一九八六年）八・九頁

おまへん　でけへん　すんまへん
かめへん　せかへん　こまらへん
へんへん　おおさか　へんなまち

島田はこのような詩を創作する動機を次のように述べている。(注4)

島田（引用者注　島田自身を指す）には内なる子どもの心を表現するのに共通語では書き切れなかった、事足りなかったという理由があった。『大阪ことばあそびうた』以前に書き始め『ほんまにほんま』にまとめた大阪弁の童謡、少年少女詩、それらはまさに島田自身の本音をうたったものである。たとえば「おんなの子のマーチ」を見ていただきたい。

きかいに　つようて
げんきが　ようて
スピードずきな　おんなの子やで
うちのゆめは　パイロットや
ジャンボジェット機　うごかしたいねん
　おんなの子かて　やれるねん
　やったら　なんでも　やれるねん

（二連略）

ちからが　つようて
どきょうが　ようて
スリルのすきな　おんなの子やで
うちのゆめは　レンジャーや
災害おきたら　たすけにいくねん
　おんなの子かて　やれるねん
そやけど　せんそう　いややねん
へいたいさんには　ならへんねん

これは敗戦を十六歳で迎えた昭和ヒトケタ世代の女の思いである。童謡という形に託した詩であり、自分を含めた女たちへの応援歌といえる。このような内なる少女の本音を表出するには大阪弁でなくてはならなかったし、それによって、東京生まれながら、十一歳からの大阪人である私は解放されたのである。（傍線引用者）

注4　島田陽子『方言詩の世界　ことば遊びを中心に』（詩画工房　二〇〇三年）一二五～一二七頁

島田にとって、自らの「内なる子どもの心」を表現するには共通語では不十分であったというが、もともと東京生まれの島田からすれば、共通語はもっとも使い慣れた言葉であったはずである。しかし、その後、大阪で暮らすことになった島田にとって、「内なる子どもの心」という、いわば「普段の大人の心」の背後に隠蔽されているものを表出するためには、大阪弁が必要であったのだという。そして、十一歳から身に付けた大阪弁を使って「内なる子どもの心」を表出することによって、自身は解放されたのだという。十一歳といえばすでに小学校高学年。精神的には少しずつ大人になっていく年齢である。そんな年齢から身に付けたにすぎない大阪弁によって、自分の「内なる子ども」が表現されるという「奇妙な逆転」がここでは起こっている。

戦後、マスコミの急速な普及と発達によって、共通語化は全国的に一気に進んだ。同時に、「矯正」されるべき存在とされた方言は急速にその力を失い、今や逆にその存亡をかけて共通語といかに「共生」できるかが模索されている状況である。現代では、各地域の方言は共通語にはない魅力をもった存在としてむしろ保存し継承すべきものとして捉えられるようになったのであった。

今、多くの日本人は、フォーマルな場面では共通語を使うが、プライベートな場面では方言を使うというバイリンガル状態にある。そこでは、話しことばとして共通語と方言ではどちらが有効かなどという粗雑な二者択一の議論はもはや意味をもたない。どちらもそれぞれに有効だからである。その意味で、こうした状況下では、共通語を用いるか方言を用いるかという問題は、目的や場面や相手によって使い分けるもの、まさに書き手が選ぶ「文体」のような存在、より正確に言えば「社会的話体」というべき存在になっている。

島田に起こった「奇妙な逆転」の内実はここにある。つまり、大人になった島田が、自らの表現意図に応じて選び取った「文体（語り口）」が「大阪方言」であったのである。大阪方言には、彼女の「内なる子ども」を描き出すための重要な要素が入っていた。

引用された詩を読むと、「おんなの子かて　やれるねん」というフレーズが繰り返され、かつては男子らしさのとしての「きかいに　つようて／げんきが　ようて／スピードずきな」といった特性や「ちからがつようて／どきょうが　ようて／スリルのすきな」といった特性を「おんなの子」である自分の特性としてつよく押し出している。島田にとっての「内なる子ども」とは、自分のなかにあって一般的・常識的には「男子らしさ」とされるそれらの特性であった。そして、それを受け手につよく主張するには共通語ではなく大阪弁がふさわしかった。

大阪弁は、もともとコミュニケーションにたけた方言とされ、ユーモアを交えながら相手の心理のひだに触れ、自分の主張をしっかり相手に訴えかける点に特徴をもつ。共通語であれば、相手を驚かせてしまったり不快に感じさせてしまったりするような内容であっても、大阪弁であればそれをおもしろおかしく、しかしズバリと相手に伝えることができる。戦前生まれの島田にとって、男子と同等であることを主張しようとするとき、大阪弁という方言が「語り口（話体）」として選択された。そのことで、島田自身の主張はユーモアを交えつつのびやかに展開されることになった。それが島田のいう「解放された」ということの意味であろう。その意味で、ふるさと言葉にあえて切り替えることで、共通語ではうまく表現できなかった思いは、その思いを語るキャラクターにふさわしい方言という「語り口（話体）」に異化されて表現され、語り手のなかでもしっくりしたものになったのであった。

(2)「方言・語り口」を活かした詩の創作

山際鈴子は、「大阪弁で話そう」という単元を設定し、小学校三年生を対象に、いつも話していることを、いつも使っていることば（大阪弁）で表しながら詩を創作させた。そのような単元を構想するにあたって、山際は次のように述べている。(注5)

わたしは、大阪弁が好きである。あのまったりとしたひびきは、耳にここちよい。また、きたないといわれることばに、限りないエネルギーを感じる。子どもたちが、大阪弁でやりとりしているのを聞くと、子どもの元気さかげんが伝わってきて、わたしまでうれしくなってしまう。これは、大阪弁が、わたしと子どもたちの身に付いたことばだからだと思われる。それでも、気のはる場では、大阪弁アクセントの標準語で話し、文を書くとなるときちっとした標準語で書こうとがんばることになる。それは、わたしも子どもたちも同じことである。

山際は大阪弁に「限りないエネルギー」を感じ、子どもたちの大阪弁でのやりとりに「元気さかげん」が伝わってきてうれしくなるという。子どもたちのもつそうした魅力を発揮させるために、山際はあえて大阪弁を用いて詩を書くように指導した。その結果、次のような作品が生まれた。

おとうちゃん(注6)

三年　浜崎武士

おとうちゃんなぁ、
さけのみやねんでぇ。
夜、ほとんどのとき、
さけのんで帰ってくるねんでぇ。
だからなぁ、
いっしょにねるとき、さけくさくてたまらんでぇ。
アルコールのにおいがなぁ、
ぷんぷんしてなぁ、
いまにも、ぼくまでよっぱらいそうやねんでぇ。

家で父親に直接言えないようなことであっても、学校の先生なら聞いてもらえる。家でこんなことがあったということを聞いてもらいたい。小学校の低学年や中学年ぐらいまでの子どもたちは教室でそんなエピソードをたくさん話してくる。この詩において、大阪弁はそういう「聞いてもらいたい思い」を解放するのにきわめて有効に機能している。ふだんは直接言えないようなこと（本音）をふだん話していることば（方言）で書くという、ただそれだけの指示でこのような詩が生まれてくる。たまっていた思いや隠された本音などを述べるにあたって、その「語り口（話体）」を共通語から方言に異化するだけで、書き手の思いや本音が解放されているといえる。

注5　山際鈴子『かぎりなく子どもの心に近づきたくて』（教育出版センター　一九九〇年）一一二頁
注6　注5に同じ。一一〇・一一一頁

児童詩の創作において、大阪弁の魅力を感じていた山際は、その後も継続的に方言で詩を書かせる単元を設定し、小学校四年生を対象とした授業でたとえば次のような作品を書かせた。

大人になったら(注7)

四年　武田豊

なんぼ小さいときかしこても、
たいしたことないで。
大人になったら、むちゃくちゃなるもん。
うちのお父さんなんか、そうやもん。
小学生のとき、
学校で、十三ぐらいやってんで。
それがな、今では、
ビール飲んだら、話しても、何言うてるかわかれへん。
自分のことばっかし、一人でしゃべってんねんで。
もうめちゃくちゃや。
だから、ぼく、
大人とはつきあいたくないねん。

この作品も、先の作品と同様に「父」を取り上げつつ、大阪弁を豊かに駆使している。そして、描かれている「父」の姿も、先の作品同様、内容的にみれば厳しく批判しているはずなのだが、読み手はそのようには読まない。「もうめちゃくちゃや」「大人とはつきあいたくないねん」というフレーズは、読みようによっては深刻なはずなのだが、ユーモアさえ感じさせる。

私はかつて、こうした大阪弁の児童詩について、次のように述べたことがある。(注8)

ところで、こうした作品(引用者注 大阪弁で書かれた児童詩)は、日常語・生活語としての「方言」を使わせればいつも出てくるものではないだろう。ここでの「方言」の役割は、あくまで日常性や会話性をもたせることで、表現の出口に潤滑油を与えたにすぎない。問題はむしろ「大阪弁」という表現形態がその裏側に内包している精神のありようにある。大阪(ひろくいって関西)では、弱いものが強いものを批判する「精神」や、どんな弱い存在でも自立して生きる「精神」が奨励される。しかも、批判した側は相手や対象をけっして追いつめたり否定し去ったりすることはなく、柔らかい心理的距離感を保って最後はつながりあおうとするやさしさをも内に秘めている。

こうした「批判や自立」といった発想を奨励していく「大阪弁の精神」は、とりもなおさず大阪弁がユーモアをともなう「詩の精神」を内包していることを意味するように思われる。その意味で、子どもたちに「大阪弁」を意識して創作させることは、実はこうした「詩の精神」をも同時に子どもたちに意識させることになっているように思われるのである。

注7 山際鈴子『かぎりなく子どもの心に近づきたくて パートⅢ』(銀の鈴社 一九九九年)七四・七五頁
注8 児玉忠「大阪弁の詩」(大阪児童詩の会編「児童詩研究誌『詩と教育』―こども・こころ・ことば―22」平成一一年八月)六二頁

ここでいう大阪弁の「詩の精神」を子どもに意識させることは、すなわち本書で述べてきた異化の作用を与えることといってよい。すなわち、「大阪弁」を用いて詩を創作するということが、すなわち対象を「批判」したり自らが「自立」したりすることを伴っており、それが結果的に対象の捉え方や自らのあり方を大阪的なものに異化することになっているからである。学校という場所は基本的に共通語優位の世界である。そこに創作指導で方言（この場合は大阪弁）という「語り口（話体）」が取り入れられる（選択される）ことで「異化」が促されている。先に引用した島田陽子も、大阪弁という「語り口（話体）」を選択的に用いて創作させることによって、大阪弁が内包しているそうした独自の精神を体現した詩を創作させることに成功したのであった。

(3)「方言・語り口」でつなぐ詩の受容

では、次にこうした「方言・語り口」を教材性とする読み教材をみてみよう。

うち　知ってんねん（注9）
島田陽子

あの子　かなわんねん
かくれてて　おどかしやるし
そうじは　なまけやるし

わるさばっかし　しゃんねん
そやけど
よわい子ォには　やさしいねん
うち　知ってんねん

あの子　かなわんねん
うちのくつ　かくしやるし
ノートは　のぞきやるし
わるさばっかし　しゃんねん
そやけど
ほかの子ォには　せえへんねん
うち　知ってんねん

そやねん
うちのこと　かまいたいねん
うち　知ってんねん

注9　島田陽子『うち知ってんねん』（教育出版　一九九七年）十四・十五頁

「うち　知ってんねん」とは共通語に変換すれば「私　知ってるの」ということである。どちらも話し言葉風の「語り口（話体）」で、自分は何かを知っていることを述べている。しかしながら、「私　知ってるの」と「うち　知ってんねん」とでは微妙な印象の違いがある。「私　知ってるの」だと女性の語り手が自分の知っていることをこっそり告白している感じになり、その内容は何らか秘密めいたものに感じられる。もちろん、「うち　知ってんねん」であっても女性の語り手が秘密をこっそり告白している感じではあるが、大阪弁の「ねん（のだ）」があることによって、聞き手に向けてつよく断定しながら主張している感じにもなる。後者の意味あいで理解すると、隠されるべき秘密であっても、それは他ならぬ私だけが知っている内容なのだからみんなに聞いてもらいたいという感じになってくる。「うち　知ってんねん。みんな知りたいか？　教えたろか？」とでも言いたげな感じである。

その後、語られる内容は、「あの子」は「かくれてて　おどかしやるし／そうじは　なまけやるし／わるさばっかり　しやんねん／そやけど／よわい子ォには　やさしいねん」と語られる。つまり、「あの子」には悪いところがたくさんあるものの、弱い子にはやさしいという隠れたいいところがあるということである。第二連も同様で、「あの子」の他の子へのふるまいと自分へのふるまいの違いに注目する。そして第三連で「そやねん／うちのこと　かまいたいねん」という。つまり、私だけは「あの子」の隠れたいいところを知っているし、「あの子」も自分のことが気になっている（自分に好意をもっている）ということだ。すなわち、この詩は最初から最後まで「あの子（男子）」に対して心理的に優位なポジションに立ちながら、「かなわんねん（困ってしまうの）」と言いつつも「うち（私）」だけが知っている秘密を得意げ・自慢げに語っているのである。そこにこの詩のユーモアがある。

このように、この作品は、子どもとはいえ、ふつうなら恥ずかしくて照れてしまうような恋愛を話題にとりあげ、語り手である女子が自分自身を優位な位置におきながら、自分だけが知っている好きな男子の秘密をユーモアを交えて語るという内容になっている。すなわち、この詩では、「語り口（話体）」に大阪弁が選ばれることによって、語られるニュアンスが異化され、男子の心などすべて見抜いているつよい女子のキャラクターがユーモラスに演出されている。

このほか、「方言・語り口」に教材性をもつ詩には、次のようなものがある。（注10）

春でぇむん（注11）

照屋林賢

風《カジ》ぬソイソイ
いいあんべぇ
肌持《ム》ち清《ジュ》らさ
いいあんべぇ
波音《ウトゥ》ん
風ぬ声《クイ》ん
春でぇむん
春でぇむん

【共通語訳】
風が吹いて
いい気持ち
肌触りが清らか
いい気持ち
波の音も
風の音も
春だもの
春だもの

注10　後注（222ページ）参照。
注11　「翼の王国」（全日空「翼の王国」編集部　一九九〇年四月）

花ぬかばさ
いいあんべぇ
ふきるウグイス
いいあんべぇ
野山《ヌヤマ》ぬ緑《ミドウリ》
色《イル》まさてぃ
春でぇむん
春でぇむん
いいあんべぇ
春でぇむん
いいあんべぇ
春でぇむん

花の匂い
いい気持ち
鳴いているウグイス
いい気持ち
野山の緑
色あざやか
春だもの
春だもの
いい気持ち
春だもの
いい気持ち
春だもの

麗日《オデンキ》（注12）

一戸謙三

口笛《クツブエ》吹エで、
裏背戸《カグヂ》サ出はれば、

【共通語訳】
口笛を吹いて、
裏戸口を出たら、

青空ね、
凧《タゴ》のブンブの音《オド》アしてる。
大屋根サ、
昼寝《シルネ》コしてる三毛猫《サンケネゴ》。
——ああ春だじゃな！
枝垂《スダレ》柳も青グなた。

吹雪《フギ》（注13）

高木恭造

子供等《ワラハド》エ
早《グ》ぐど寝でまれ

青空に、
凧がぶんぶん音を立てている。
大きな屋根に、
昼寝している三毛猫。
ああ春なんだなあ！
枝垂柳も青くなった。

【共通語訳】
子どもたち
早く寝てしまいなさい

注12　一戸謙三・高木恭造・植木曜介『方言詩集　津軽の詩』（津軽書房　一九八六年）二九頁
注13　注12に同じ。六一頁。

ほらア！
あれア白い狼《オウガメ》ア吼えで
駆《ハ》ケで歩《ア》りてらンだド
、、まぎの隅《スマ》がら
死んだ爺《ヂコ》ド媼《ババ》　睨めでるド

子供等《ワラハド》エ
早《グ》ぐど寝でまれ

ほら
あれは白い狼がほえて
駆けて走り回っているんだぞ
薪のすきまから
死んだじいさんやばあさんがにらんでいるぞ

子どもたち
早く寝てしまいなさい

遅刻《ばんざい》(注14)

伊奈かっぺい

友達《けやぐ》　アンデルセンだの
イソップだのって
童話《ひらがな》　読《よ》んでら頃《ころ》
僕《おら》ァまだキンダー《絵》ブック《本》見でら
友達《けやぐ》　芥川龍之介《あくたがわりゅうのすけ》だの
夏目漱石《なつめそうせき》だのって

小説《かんじ》　読《よ》んでら頃《ころ》
僕《おら》ァまだグリム童話《ひらがな》　読《よ》んでら

友達《みんな》　嫁《よめ》コもらうだの
婿《むご》に行ぐだのって
結婚《けっこん》してしまった今
私《おら》ァまだ彼女《かのじょ》の一人《ひとり》も居《い》ね
友達《みんな》　子供《わらし》コ生《うま》えるだの
今度《こど》だば離婚《わがれる》だのてす頃《ころ》
私《おら》ァやっと　嫁《よめ》コもらうに良《い》がべがァ……
んだ
何時《いつでも》　何事《なんでも》　行動《やるごと》　言動《なすごと》
四《し》・五年《ごねん》　遅《おぐ》れでるんだぉん
おらァ……
んだ
知能《うぢがら》　成績《そだち》　要領《よのなが》　出世《おせじ》
四《し》・五年《ごねん》　遅《おぐ》れでるんだぉん

注14　伊奈かっぺい『平成・消ゴムでかいた落書き』（おふいす・ぐう　一九九八年）三六五・三六六頁

おらァ……
んだ
体力《そどでも》　思想《うぢでも》　流行《みるもの》　感覚《きぐもの》
四《し》・五年《ごねん》　遅《おぐ》れでるんだぉん
おらァ……

きっと
友達《おめだぢ》　みんな死《し》でまでも
私《おら》だけ
四《し》・五年《ごねん》　生《い》ぎでるびょん

後注

注2　島田陽子による子ども向けの方言詩集には次の三冊がある。
島田陽子『大阪ことばあそびうた』（編集工房ノア　一九八六年）
島田陽子『続大阪ことばあそびうた』（編集工房ノア　一九九〇年）
島田陽子『おおきに　おおさか――続続大阪ことばあそびうた』（編集工房ノア　一九九九年）

注10　津軽弁による児童詩創作指導に関しては、タレントで方言詩人の伊奈かっぺいが、「ことば遊び」と方言詩とを関わらせた魅力的な授業を行っている。その詳細は、次の論文を参照のこと。
児玉忠「児童詩教育とユーモア　――伊奈かっぺい氏の授業が示唆するもの――」（大阪国語教育研究会編「小田迪夫先生古稀記念論集」二〇〇八年）

コラム

「方言話者意識」の発達

「津軽」と呼ばれる地域は、青森県の日本海側を指す名称で、「津軽弁」と呼ばれる独特の方言表現が根強く残っている地域である。子どもの詩にとって方言表現は、創作の側からすれば日常の自然な思い、自然な語り口で吐露されるという意味において、受容の側からすれば共通語の表現では伝わらないようなその地域独自のリアリティーが生まれるものとして、大切にしたいものである。

私自身が津軽地方の代表的な都市である弘前市で暮らすという縁を得たことを機に、この地域の児童詩では「方言（津軽弁）」がどのように現れているのかについて調査してみた。対象として選んだのは、「文集ひろさき」というその発行が五十年以上も続いている文集である。この文集は、弘前市国語教育研究会が編集・発行しているもので、弘前市内の小学生たちの作文と詩とが年度ごとにまとめて発行されている、いわば地域の文集である。

一般に、詩や作文（生活文）において、方言を使用するとそこに表現上のリアリティーが生まれてくる。その言い表し方でなければけっして伝わらないニュアンスや感情が、「方言」を使用することで出てくる。その意味で、児童詩という書き手の個別性や固有性、さらには書き手の実感を重視する言語表現は「方言」に対してより敏感であっていいと思われる。

そこで、まず最初に「文集　ひろさき」に掲載されている児童詩のなかから、地の文、会話文に限らず、方言語彙が出てくる作品を抽出してみた。結果としては、方言児童詩と呼べるものは、全体で五％以下のごく少数の作品に限られた。しかし、方言児童詩と呼べるそれぞれの作品を分析してみると、きわめて興味ぶかいことがわかってきた。それは、「方言話者意識」とでも呼ぶべき、方言をどう詩表現として取り込んで

コラム

いくかについてについての書き手の意識であった。

まずは、次に示す一年生の作品をみてみたい。なお、意味のわかりにくい表現については（　）内に共通語に相当する表現を示した。

あした

すとう　かずとも（一年）

せんせい、
かずのおかさんな、
むったどあしたあるんず。（とってもたくさん明日があるんだよ）
はブラシのさき、ひろがってしまったはんで、（広がってしまったので）
はブラシかってけろっても、（歯ブラシ買ってよって言っても）
あした。
つる田のおじいちゃんのどこさ（鶴田町のおじいちゃんのところに）
とまりにいきてはんで、（泊まりに行きたいから）
つる田さつれでいげても、（鶴田町に連れて行ってよと言っても）
あした。
あした、あしたって、
むったど、あしたあるんず。（とってもたくさん明日があるんだよ）
リンゴもぎに、（リンゴをとりに）
はたけさばしいってよ。（畑ばかりに行ってしまってさ）
もう、あぎらめたじゃ。（もう、あきらめたよ）
でもな、きのう、
こんど、いぐってした。（今度、行くって言った）
こんどの日よう日
つる田さいぐってしたど。（鶴田町に行くって言ったよ）

（「文集　ひろさき　三十一号」一九九一年）

子どものおねだりを何とかごまかしてかわそうとする母親の姿とそれに不満をもつ作者の思いをユーモラ

スに描いている作品である。そして、この作品を「方言」使用という点からみてみると、地の文、会話文ともに津軽方言が使用されていることがわかる。それは、「せんせい」という書き出しからわかるように、先生に話しかけるように、訴えかけるようにして書いた作品であるため、日常の生活語である方言表現が出やすくなっていると考えられる。つまり、ふだん話しているような表し方で先生に向けて聞いてもらうように書いたというのがこの作品における「方言話者意識」であると言える。そして、一年生という学年を考慮すれば、「方言を自覚的かつ効果的に使う」という意識は低かったであろうことが推察される。

次にもう一つの作品をみてみよう。

怪人二十一面相様へ

下山和人（六年）

なして、ばがだごと　やるのよ（どうしてばかなことをするんだよ）
おかしさ、毒だのへで（おかしいじゃないか、毒なんか入れて）
人ごと　殺すだなんて（人のことを殺すだなんて）
ばかばかしいとは思わねがして（ばかばかしいとは思わないのだろうか）
何人も　つみもねえ人殺したって
なに　おもしろいのよ
おめ　自分でだば　死にだぐねべさ（お前、自分なら死にたくないだろうさ）
世の中のごど　あれほどさわがへて（世の中のこと、あれほど騒がせて）
おめほんずねんでねな（お前はほんとうにどうしようもないな）
つかまって　ろうやさ入れじゃ（警察に捕まって牢屋に入れよ）
つかまれば、まあ、死刑だべな
それはいやだば（それがいやなら）
はやく　自首するごどだな
自首して　一からやりなおさねばだめだ。
おめやったごとだっきゃ（お前がやったことなん

コラム

か）

すごく　わりごとだんだや（すごく悪いことなんだぞ）

人類みな兄弟だっていうべさ

まったぐ　おめは　まいね人間だ（まったくお前はダメな人間だ）

（「文集　ひろさき　二十五号」一九八五年）

当時、世間を騒がせたグリコ・森永事件に題材をとって、犯人に語りかけるスタイルで書いたユニークな作品である。

先に示した一年生の作品は、先生に話しかけるように書いたものであるのに対し、この作品は犯人に語りかけるようにして書いたものであり、どちらも特定の人物を目の前に想定し、話し言葉を用いて書いている。しかし、この六年生の作品は、一年生とは異なる話者意識が感じられる。それは、津軽方言というものをつよく意識して、そういう方言を使う人物になりきって創作しようとする意識である。

というのも、「文集　ひろさき」の場合、小学校一年生から六年生までの方言児童詩の全体を眺めてみると、地の文にも方言が出てくるという作品は、中学年、すなわち三年生あたりから完全にみられなくなっていったからである。中学年以降、方言は主として会話文にのみ現れた。このことはつまり、中学年以降は、方言というものをとりわけ対象化する意識が出ていることを意味する。その意味で、この作品のように地の文に方言を使うという作品はまさに作者が自覚的・効果的に方言を使って表現しようとする意識に支えられていると考えられる。

これとは逆に、そうして方言と共通語を明確に区別する前の段階ではないかと思われる作品がある。次に示す二年生の作品である。

プール

赤石じゅんえつ（二年）

「プールにはいりたい。」

「だめ。」

と前田先生が言った。
「いじゃ、はいってもいべさ。」
「へば見にいぐな。」（それじゃ、見に行ってくる
　ね）
前田先生にかたって見に行った。（前田先生に話
　して見に行った）
かぎあけて
きかい室を見せた。
「なんもうごいてねべ。（何も動いてないでしょ
　う）
ランプもついてねべ」（ランプも付いてないで
　しょう）
プールの水も見せた。
げんごろうも、
みみずも、
ごみもいっぱいあった。
まさかつ君がはしってきて、
「目わるぐすっきゃ。」（目を悪くしちゃうよ）
とさけんだ。
ばがくせなあ。（ばかくさいなあ）
きょうはあついでば。（今日は熱いのに）
ああ、プールさはいねで、（ああ、プールに入れ
　なくて）
おもしろぐね。（おもしろくない）

（「文集　ひろさき　十八号」一九七八年）

　夏の暑い日、プールに入れなかったくやしさを書いた作品である。方言という点からみれば、地の文に共通語と方言との混在がみられ、書き手の意識のなかで、まだそれらがきちんと区別されていない未分化な状態にあることがうかがえる。
　そして、それらがはっきりと区別されたと思われる作品としては、次に示す三年生の作品がある。

おばあちゃんとプロレス
阿部君子（三年）

金曜日は、
かならずおふろにはやくはいるおばあちゃん、

プロレスを見るのだ。
プロレスが始まると、
へやの中が、おばあちゃんの声だらけになってしまう。
「馬場、そこだ、そら、うんとやながろ、何してるだばへ。」（馬場、そこだ、それ、うんとやっつけろ、何してるんだ）
「いのき、はやくやながろ。」（いのき、早くやっつけろ）
テレビの前に、どっかとすわって、
かおをまっかにして、
どなっているおばあちゃんとっても楽しそうだ。
おかしいな。

（「文集　ひろさき　十二号」一九七二年）

今からすれば、時代を感じさせるプロレス黄金時代の作品である。そして、方言という点からみれば、地の文にも方言は現れず、会話文だけに方言が現れてくる。書き手もおばあちゃんのようすそのものを題材にしながら、話していることばだけを取り上げているという点で、方言を対象化する意識が感じられる。そして、そうした意識がより端的に表れた作品としては、次のような五年生のものがある。

なすね弁

森登紀子（五年）

「それやれば、まねんだど。」（それやっちゃ、ダメなんだよ）
「なすね。なすねやればまね。」（どうして。それやっちゃダメなのさ）
あっちでもこっちでも
「なすね。」（どうして）
義弘君の津軽弁がひろがり、教室中が
「なすね。」（どうして）
「なすね。」（どうして）

（「文集　ひろさき　三十号」一九九〇年）

この作品は、地の文は共通語で、会話文は津軽弁である。このように、中学生以降の作品で方言表現が出てくるのは、方言そのものが題材となっており、方言という独自の言葉の世界への自覚的な意識もうかがえる。

受容のための作品としてみれば、どの学年においても方言が使われた作品が教材としてあってよい。けれども、以上述べてきたように、創作の側から方言児童詩を考える場合、明確な意味での「方言話者意識」で方言を駆使できるようになるのは、高学年からではないかと思われる。

つまり、低学年において「方言話者意識」というのは、比較的無意識に使用しているレベルにとどまっており、中学年になると方言と共通語を駆使して、方言を会話文で引用するなど、対象化する意識が芽生えてくる。そして、高学年になると、自覚的、効果的に方言を駆使する「方言話者意識」を働かせて詩の創作ができるようになる。これが、「文集　ひろさき」の方言児童詩を分析してみて得ることができた私なりの仮説である。

その意味で、指導者は方言を効果的に生かした創作をめざす場合、子どもの方言と共通語に関する発達段階をふまえた適切な働きかけが必要となる。

第三章

わが国の児童詩教育の歴史

第一節　わが国の児童詩教育とその歴史

子どもが創作する詩としての児童詩とその教育は、大正期に創刊された雑誌「赤い鳥」にルーツをもち、その後は戦前の生活綴り方教育がそれを発展させてきたという歴史をもっている。その意味では、戦後に制定された学習指導要領よりもそれは長い歴史と伝統をもつものとして、日本の教師たちの誇りでもあった。それゆえ、戦後の生活綴り方復興期においては、そのときの学習指導要領が児童詩の創作をどう位置づけようとも、小学校のすべての学年が取り組み、学級単位、学年単位、学校単位、地域単位など、さまざまな単位で児童文詩集が発行された。現在も全国各地で地域の子ども文集として小中学生の文詩集が刊行されている事例があるが、それは戦前からのそうした伝統に基づくものである。

本章では、創作と受容との関連を考えるうえでもととなった創作指導について、その歴史をふりかえりながら詩の創作指導者たちがこれまで詩の教材性をどのように捉えてきたかを確認したい。それは、それが詩教育の現在と未来を考えていくための基礎となるからである。

わが国の児童詩教育の歴史に関する先行研究のうち、戦前だけでなく戦後をも取り上げて通史的に児童詩教育を論じた先行研究に絞ってみると、次のものがある。

弥吉菅一『改訂　日本の児童詩の歴史的展望』（少年写真新聞社　一九六九年）

渋谷清視『にっぽん子どもの詩　父母と教師のための』（鳩の森書房　一九六九年）
日本作文の会『児童詩教育事典』（百合出版　一九七〇年）
渋谷清視『増補改訂　にっぽん子どもの詩　上・下』（あゆみ出版　一九八四年）
弥吉菅一編『子どもポエムの展開史』（教育出版センター　一九八六年）

ただし、これらの先行研究は、もっとも最近の児童詩教育を取り上げたものであっても一九八〇年ごろまでにとどまっており、一九八〇年代以降の児童詩に関して歴史的に記述し検討した研究は存在しない。そこで、一九七〇年代までの児童詩教育についてはこれらの先行研究の成果に基づいて記述・考察するとともに、一九八〇年代以降の児童詩教育については、児玉忠・大阪児童詩の会編『見つめる力・発見する力を育てる児童詩の授業　山際鈴子の授業を追って』（銀の鈴社　二〇一一年）で示した児童詩教育史の文献資料をもとに記述・考察することとする。

ところで、戦前から今日までの児童詩教育の歴史は、おおむね次に示すような様々な名称の児童詩の登場とその指導実践によって展開してきた。それらをごく単純に示すと次の通りである。

一九二〇年代　童謡・児童自由詩
一九四〇年代　児童生活詩
一九六〇年代　たいなあ詩・主体的児童詩
一九八〇年代　ことば遊び詩

そこで、以下、これらの児童詩教育の歴史について、具体的な作品や指導実践などを取り上げながら、詩の教材性として何が重視されてきたのかを明らかにしていきたい。

こうした歴史をふりかえりつつ現代における詩の教材性を考えるとき、私は一九六〇年代の児童詩教育界の動きとその後の展開に大きなポイントがあるとみてこれまで独自に詳細な検討を加えてきた。そこで、本書では児童詩教育の歴史を「一九五〇年代まで」、「一九六〇年代」、「一九七〇年代以降」の大きく三つの時期に分けて検討していくこととする。

第二節　一九五〇年代までの児童詩教育

(1)　童謡・児童自由詩（一九二〇年代〜）

本章の冒頭で述べたように、わが国の児童詩教育は、雑誌「赤い鳥」における北原白秋の選評に始まった。当初、北原白秋、野口雨情、三木露風などの詩人たちが「赤い鳥」に子ども向けの「童謡」を掲載していたが、やがて「赤い鳥」の読者である子どもたちからの投稿作品をも掲載していくようになっていった。これが全国規模での子どもによる詩の創作の幕開けであった。そんな子どもからの投稿による「童謡」には次のようなものがあった。

あぶ（注1）

東京市小石川区××　山崎和勝

あぶが一匹ないて来た。
何といツてないて来た。
寒いといツてないて来た。

注1　弥吉菅一　白木瑜弥　森井弘子『子どもポエムの展開史』（教育出版センター　一九八六年）九五・九六頁

ひもじいといツて泣いて来た。
あついスープをやつたらば、
ブーンと泣いて飛んでツた。

（「赤い鳥」・大8・4刊）

昆虫の「あぶ」を寒さと空腹に困窮する人物に見立てて、空想世界を描き出した作品である。そのあぶにあえて「あついスープ」を与えるといういじわるをしたところ、そのあぶは泣きながらブーンと飛んでいったという内容である。七五調のリズムにのせて、子どもっぽい悪意をユーモラスに描いている。

その後、北原白秋は当時の詩壇における作品が文語定型詩から口語自由詩へ移行していくのを受けて、児童詩においても定型（外在律）を特徴とする「童謡」から内在律を特徴とする「自由詩」へと選評の軸足を移行させていった。そうして投稿された「自由詩（児童自由詩）」のなかでも、きわめて特徴的なものに次の作品がある。

ひし（注2）（自由詩）（推奨）

熊本県玉名郡荒尾小尋二　海達公子

とがつた
ひしのみ、
うらで
もずが

ないた。

（「赤い鳥」・大13・7刊）

北原白秋の評価

海達さんの「けし《ママ》」はをさない子供としては実にするどい。このお子さんの作は外に三四篇見ましたが、みんないいものでした。これから必ずいい詩ができるでせう。

ひしの実のとがった視覚的イメージと鋭いもずの鳴き声の聴覚的イメージという種類は異なりながらも相互に響き合う感覚的なイメージが一つの詩表現のなかでぶつかり合って、一種の象徴美の世界が創出されている。俳句における「取り合わせ」の手法を思わせる作品である。北原白秋は、こうした自然を題材とした構成が生み出す美を高く推奨したのであった。そして、白秋の選評におけるこうした志向は、次のような作品を高く評価する姿勢に発展していった。

ばらの影（注3）（推奨）

神奈川県津久井郡川尻小高一　田中光

冬、するどい月の光、
庭先のばらに

注2　注1に同じ。一一一・一一二頁
注3　注1に同じ。一一二・一一三頁

つきあたつた。
ばらの影、すごく黒い。
月の光が
ばらの間を、
ばらの影の間に
きれ通した。

（「赤い鳥」昭2・5刊）

北原白秋の評価

推奨の田中君の「ばらの影」は凄いくらゐの鋭い見方をしてゐる。光が生きてゐる。そして細かで確実だ。光がつきあたつたと見、きれ通したと言つたのは率直でいい。

白秋自身も認めるように、この詩における「ばら」への視線は「凄いくらゐの鋭い見方」である。先の「ひし」と同じく、現代からみても子どもの感覚の鋭さに感心させられるが、繊細で鋭すぎるこの感覚は、当時にあっては批判の対象となっていくものでもあった。それは、白秋の次のような選評方針にも表れている。

昼（注4）（特選）　　鳥取県気高郡吉岡小學校高一　三ツ國きさ子

暖い昼、
私は田植をしてゐる。
向うの方で、
誰か戸をあける音、
静かにきこえる。
まつすぐな道を一年生が通る。
たんぼのにほひが、
ぷんとして来た。

北原白秋の評価

三ツ國さんの「昼」では、こまかな注意力を感ずる。田植をしながら、よく聴いてゐる、誰か戸をあける音がする。これは聴覚といふよりもつと深い心で聴いてゐる。一年生が通ふのも、まつすぐな道だからよろしい。これには視覚以上のものがある。それから、田圃のにほひがぷんとする。これは嗅覚だ。かうして田植しながら、色々の感覚をはたらかしてゐる。そこで田植してゐる少年の感情がよく出て来る。

雑誌「赤い鳥」において白秋が見いだした児童詩の世界は、自然風景を主たる題材としながら、豊かで鋭

注4　雑誌「赤い鳥」一九三二年一二月　四八・一一一頁　ちなみに、指導者は稲村謙一である。

い感覚を働かせながら対象をリアルに写生することで、詩における芸術的な構成の美を創造させることであった。このことは児童詩教育に詩人として関わっていた白秋にとっては当たり前のことだったかもしれないが、それは同時に教育において重視すべきものを欠落させもした。それは、たとえば、この「昼」という作品に対する選評において、白秋はさまざまな感覚で捉えた対象で構成される「イメージ」や語り手の「感情」についてはふれるが、この作品を書いた作者の生活そのものについては無関心である点である。白秋の関心はあくまで作品に描かれた世界やその描き方（構成の美）の方にあって、その背後の事実としての作者の生活（現実・事実）には関心がないのである。

こうした選評の姿勢に対して、次第に「赤い鳥」への投稿を支えてきた全国の教師たちの心が離れていった。昭和の初期の全国的な経済恐慌や社会主義思想の流行なども相まって、教師たちの関心は子どもの生活やその背後にある社会に向かっていった。昭和初期におけるそうした時代状況が児童詩教育にも大きな変化や改革をもたらした。そんななか、鳥取県の小学校教師であった稲村謙一は、『生活への児童詩教育』を発表した。(注5) そこで稲村は次のように述べた。(注6)

花鳥風月趣味を清算しよう。
感傷主義を揚棄しよう。
新しい児童詩の精神を樹立せねばならぬ。
詩を生活へ。生活建設の児童詩教育へ。
僕たちは児童詩教育の新建設を果敢に設計しよう。

こうした主張が引き金となり、児童詩教育界は「児童自由詩」を否定した新しい詩を模索していった。そうした全国の教室たちによる試行錯誤が、のちに「児童生活詩」と呼ばれる児童詩を生み出していった。

(2) 児童生活詩（一九四〇年代〜）

児童生活詩とその教育は、「綴り方生活」「工程・綴り方」「綴り方倶楽部」「北方教育」など、教師たちの手によって全国及び地方で発行された綴り方教育の専門誌を母体として追求された。代表的な作品をいくつか紹介してみよう。

きてき（注7）

南秋・金足西・尋四　伊藤重治

あの気笛
たんぼに聞えただらう
もうあばが帰るよ
八重蔵
泣くなよ

注5　後注（247ページ）参照。
注6　稲村謙一『生活への児童詩教育』（厚生閣書店　一九三三年）一頁
注7　注1に同じ。一一八頁

（「北方教育」昭和7・7刊）

この時期になると、児童自由詩の特徴であった題材としての自然風景はほとんど取り上げられることなく、それに変わって生活事象や社会事象が取り上げられた。作品「きてき」には、弟の子守りという生活事象を題材として取り上げつつ、母の帰りを待つ兄の切ない心情が吐露されている。

わた工場（注8）

鹿児島　堤利男

わた工場の前をとおつた
奥から
ごと〳〵と機械のうなりが
きこえる
女工たちが
わたのこだらけで
だまつて働いてゐる

（「綴り方倶楽部」・昭9・5刊）

「わた工場」の題材は、工場労働である。わた工場で働く女工たちのようすを描いている。機械はごとごとと大きな音をたて、かならずしも恵まれた労働環境といえないなかで、女工たちは「わたのこだらけで／

だまつて働いてゐる」という。聴覚や視覚を働かせて対象をリアルに描いているが、描かれた対象が女工たちの厳しい労働状況である点で、戦前という時期らしい児童生活詩となっている。児童詩における一種のプロレタリア文学と呼べるような作品である。

山芋(注9)

しんくしてほった土の底から
大きな山芋をほじくりだす
でてくる　でてくる
でっこい山芋
でこでこと太った指のあいだに
しっかりと　土をにぎって
どっしりと　重たい山芋
おお　こうやって　もってみると
どれもこれも　みんな百姓の手だ
土だらけで　まっくろけ
ふしくれだって　ひげもくじゃ
ぶきようでも　ちからのいっぱいこもった手

注8　注1に同じ。一二二頁
注9　注1に同じ。一六七頁

これは　まちがいない百姓の手だ
つぁつぁの手　そっくりの山芋だ
おれの手も　こんなになるのかなあ
（「山芋」・昭和26・2刊）

この作品は、児童生活詩を代表する作品として今も多くの人々の心に残る作品である。今となっては指導者である寒川道夫の手による作品ではなかったのかといった疑念が指摘されているもの[注10]、戦後の児童詩教育の復興期において、小学校の国語の教科書にも掲載されるほど、児童生活詩教育におけるシンボル的な作品であった。この作品の題材は労働生活。なかでも山芋を掘るという農作業が取り上げられ、掘り出された山芋の姿と農民（百姓である自分の父親）の姿とを重ねながら、やがて農業労働者として誇り高く生きていく自分自身の行く末に思いを巡らせている。

考えるひと[注11]
熊本県八代郡有佐小学校　六年　赤星益雄

先生の机の前に、
石こうのちょうこくの写真がはってある。
人が石に腰をおろし、
右の手の甲をあごにあて
左手をひざの上にのせ、

顔、うで、足は、
ぎゅーっとしまっている。
足のつまさきがごつごつしている。
ひきしまった足のきんにく
うでの力こぶ。

何を考えているのだろう。
悲しいことか、それとも楽しいことか、
ぼくにはわからない。
着物もきないでじっと石にすわっている。
まだ考えている。

先生はどうしてこれをはったのだろう、
そのわけがわかってきた。
これは有名なロダンの「考える人」だ。
すみに活字でそうしるされてある。
いつか先生からきいたロダンのことば、

注10　後注（247ページ）参照
注11　渋谷清視『増補改訂　にっぽん子どもの詩〈上巻〉子どもの詩の移り変わり』（あゆみ出版　一九八四年）二〇五・二〇六頁

ぼくはそれを思いだした。
「一人の人間にとって真実なものは……」
ぼくはもっと近よって、
足、手、肩のきんにくを
じっとながめた。
ぐっとぼくの心が
ひきしまるのを感じた。
（指導／大江田貢　昭24）

戦後に創作されたこの作品も、児童生活詩の特徴をしっかり備えたものである。教室か職員室かはわからないが、教師の机に貼られた写真を見た経験という子どもの生活事象を題材にして、対象のようすや自らの行動をリアルに描きつつ自分自身の思いを述べたり思考を展開したりする方法で創作されている。これが児童生活詩とよばれる児童詩の基本的な特徴である。この作品にみられる「一人の人間にとって真実なものは……」という表現からは、戦後民主主義という新しい価値観をどう生きるかという問題に正面から向き合おうとする姿が感じられる。

ともあれ、こうした特徴をもつ児童詩（児童生活詩）は、その後の日本の児童詩教育界において主流となり全国に広がっていった。生活綴り方の伝統を生かして、国語科の学習指導にとどまらず生活指導や学級経営などとも有機的に連携し大きな教育的成果を収めてきた。一般に現在も児童詩といえば、こうした特徴をもつ児童生活詩を指している場合が多い。

後注

注5　この当時の稲村には、「赤い鳥」の児童自由詩を批判し児童生活詩の教育を主張しつつも、同時に自らが指導した児童詩を「赤い鳥」に投稿し、数多くの作品を入選させていたという興味ぶかい事実がある。その経緯やその後の展開などについては、次の論考を参照のこと。

児玉忠「稲村謙一の児童詩教育論」（全国大学国語教育学会編「国語科教育　第36集」一九八八年）

児玉忠「稲村謙一の児童詩教育論(2)—児童詩集『濱蟹』を中心に—」（大阪教育大学国語教育研究室編「国語教育学研究誌　第10号」一九八八年）

岡屋昭雄・児玉忠「稲村謙一の児童詩教育論—昭和30年代の著述を中心に—」（香川大学教育学部編「香川大学教育学部研究報告第Ⅰ部　80号」一九九〇年）

注10　この事情については、木下浩『「山芋」考　その虚構と真実』（創童社　平成五年）、および太郎良信『「山芋」の真実』（教育史料出版会　一九九六年）を参照のこと。

第三節　一九六〇年代の児童詩教育の対立
（「児童生活詩」と「主体的児童詩」）

(1)　シュールレアリズムの児童詩教育への応用

一九六〇年代に入ると、児童詩教育が全国的に大きく復興をとげ、戦前からの児童詩、すなわち児童生活詩が全国で創作されるようになった。本節の冒頭でも述べたように、その結果、全国各地で児童詩や作文を掲載した文詩集が発行された。まさに児童詩は花盛りといった状況になった。しかし、その一方で、全国で大量に創作される児童詩は、大量に創作されていくがゆえに内容や表現が類型化していったのも事実であった。一九六〇年代にはいると、そうした指摘や批判が児童詩教育界の内部からも起こるようになっていった。

そうした時期、大阪で少年写真新聞社という出版社を営みつつ自らも詩人とし活動していた松本利昭が、児童詩の雑誌の創刊を手がけながら、児童詩教育界に厳しい批判と新しい提案をおこなった。松本は、自らの会社で発行する児童詩教育の雑誌「詩の手帳」の編集後記で次のように述べている（注1）。

現在の、日本の大半のこどもがかき、かかされている児童詩は、これは詩ではなくて、作文、つづりかたでしかない。詩と、作文とでは、その発想の質がちがうのである。ここに詩らしいかたちにこしらえあげられたつづりかたを、拒否する編集の基本方針がある。

松本は当時の児童詩（児童生活詩）を作文の方法（書き方）をそのまま詩にあてはめたものとみて厳しく批判した。その一方で、新しく追求されるべき児童詩は、そうした作文とは「発想」が違うものであると主張した。松本によれば、当時の児童詩（児童生活詩）は次のような類型化に陥っていたという。（注2）

一、なんの感動もなく、ただ、詩らしいかたちにくぎってかかれたみじかい文。
二、詩らしいかたちのみじかい文のどこかに、ことあたらしくもないが、そのこどもにとっては発見であるところの、低次元の実感があるもの。
三、詩の形式を借りて、自分の生活をえがきながら、おわりのほうに、落語のおちのように、その生活からつかんできた、おとなのきずか（ママ）ない、読者のよろこびそうなことばをもってきているもの。
四、自分の生活をえがきながら、最後のほうに、実感ではあるだろうが、たいして重要であるともおもえない飛躍したイマージュをもってくることによって、作品全体をささえているもの。

そして、その後、彼が発行する雑誌を母体としながら、彼のそうした批判と提案に賛同する全国の多くの児童詩指導者とともに、松本は新しい児童詩の開発に取り組むことになった。前出の稲村謙一もそうした児童詩指導者の一人で、そこで彼が注目したのが現代詩にも大きな影響を与えた「シュールレアリズム」の方法であった。

注1　松本利昭「詩の手帳編集室」（「詩の手帳」少年写真新聞社　一九六〇年三月）三一頁
注2　松本利昭「あたらしい児童詩をもとめて」（「詩の手帳」少年写真新聞社　一九六〇年五月）四四頁

「シュールレアリズム」とは「超現実主義」と訳され、「第一次大戦後、A-ブルトンを中心にフランスで発生し、世界的規模で展開した、二〇世紀最大の前衛芸術運動」(注3)である。とくに、ブルトンが発表した『シュールレアリスム宣言―溶ける魚』で述べられた「人間が、口頭、表記、その他あらゆる方法を用い、思考の真の働きを表現しようとする、心の純粋なオートマチズム。美学的ないし道徳上のいかなる先入観からも自由な書き取り。―夢の全能及び思考の打算なき活動への信頼に根拠を於く」とする定義は、シュールレアリズムの定義として有名である。

稲村は、児童詩の創作にこのシュールレアリズムの方法を取り入れることについて、次のように述べている。(注4)

シュウルレアリズムの方法は、児童詩にも、あたらしい質的な方向転換と、児童詩のあたらしいひとつの方法をひらくのではなかろうか。(中略)シュウル・レアリズムの方法は自動記述法である。(中略)この方法は、こどもの心の奥をひらき、こどもを表現のいろいろな制約から解放するのではあるまいか。

このように、稲村はシュールレアリズムの「自動記述法」が、子どもの「心の奥をひらき、こどもを表現のいろいろな制約から解放する」点に可能性をみている。当時の児童詩とその指導の類型化を打破するものとしてシュールレアリズムの方法に注目しているのであった。同様に、松本利昭もシュールレアリズムに注目し、この方法の可能性を高く評価して次のように述べている。(注5)

このシュールの方法で実験することで、従来の児童詩にないあたらしさをうみだそうとし、その実験作品を発表されたのは、わたしのしるかぎり日本ひろしといえども、京都の田中和夫氏、長崎の緒方映児氏、それに児童生活詩の大先輩、鳥取の稲村謙一氏の三人しかありません。その意味では、まだまだシュール・レアリスムは、おとなの詩の世界ではやく四十年前におこっているのにもかかわらず、こどもたちの詩の世界にはもちこまれてはいないのです。それだけに、この方法でのこどもの人間形成への詩教育は、わが国ではこれからこそおおいにとりいれられるべき段階にあるわけですから、現場の指導者諸氏も、この方法をもって試みてみられる必要性があると信じられるのです。

先に引用したように、松本は新しい児童詩が取り組むべきポイントをその「発想」にみていたわけだが、シュールレアリズムの「自動記述法」は、とらわれのない自由な連想・想像を保償するところにその大きな特徴がみられる方法である。ややもすればまとまりのない空想やとりとめのない妄想に展開しかねない危険性をはらみつつも、書き手をあらゆる常識や表現法などの囚われや制約などから解放し、人間の心理の奥に隠されていたものを引きだそうとする点において、詩人だけでなく多くの芸術家たちが実験的に取り入れていた手法であった。こうしたシュールレアリズムの方法と現代詩の関係について、大岡信は次のように述べている。(注6)

注3　分銅惇作他編『日本現代詩事典』桜楓社　一九八六年
注4　稲村謙一「実践記録　児童詩における自動記述的方法」(「詩の手帳」一九六一年一〇月)三七頁
注5　松本利昭『こどもの欲望を掘りおこそう』(少年写真新聞社　一九六二年)一九七・一九八頁
注6　大岡信「戦後の詩」(伊藤信吉　井上靖　野田宇太郎　村野四郎　吉田精一編『現代詩鑑賞講座　第十一巻　戦後の詩人たち　現代詩篇V』角川書店　一九六九年)一三頁

かれら（注　関根弘、清岡卓行、飯島耕一、入沢康夫ら一部の戦後詩人を指す）が時に作品の破綻を冒してまで追求しようとしているのが、とりわけ日本の詩の内部構造の変革であるということは言えるだろう。その場合、西欧現代詩の前衛的な方法、とりわけシュルレアリストたちが切り開いた自動記述の方法や異常なイマージュの啓示による現実の深層部の照射、人間存在の不安定な状況を象徴すると同時に戦慄的な美を生み出しもする転位《デペイズマン》の方法などが、多かれ少なかれかれらの詩に影響を与えていることはたしかで、かれらの詩がしばしば甚だしい誤解を受けるのもいわれのないことではない。

大岡は、西欧現代詩の前衛的な手法を取り入れた「シュルレアリスト」が日本の戦後詩人たちの一部に存在したことを指摘し、彼らの目的を「日本の詩の内部構造の変革」にみている。この当時、日本の詩を大きく質的に変えることを目的として、シュールレアリズムの方法が日本の現代詩に取り入れられてきたのであった。稲村や松本らの主張は、そうした現代詩における質的転換を児童詩においても実現しようとしたものであった。

先にも述べたように、かつて戦前の日本の近代詩が文語定型詩から口語自由詩に大きく舵を切ったのとほぼ同じ時期、児童詩教育界では北原白秋によって「童謡」から「児童自由詩」への大きな質的な転換がはかられていた。それになぞらえて言えば、一九六〇年代の稲村・松本らによる新しい児童詩への模索は、こうした詩における大きな質的転換を戦後の児童詩においてもたらそうとするものであったのである。

ただ、大岡が「かれらの詩がしばしば甚だしい誤解を受ける」と述べているように、稲村・松本らの主張もかならずしも広く受け入れられたわけではないことは、その後の児童詩教育の歴史が示すところでもある。しかし、児童詩において「内部構造の変革」をもたらそうとした彼らの提案は、その後の児童詩の歴史に少なからぬ影響をあたえ、児童詩教育史そのものに厚みを加えていった。

(2) 松本利昭の児童詩教育論

ここで、松本利昭によって開発された児童詩やその指導をみてみよう。松本が提唱する児童詩は、当初は「たいなあ詩」と呼ばれた。それは、次のような指導によって創作させていたからであった。(注7)

さあ、いよいよ、本番、開始だ。

ぼんやりとした、ものおもいにふけるかっこうでもかまわないし、また、しばらく、じいっと、目をつぶっていてもかまわない。しずかなきもちで、かんがえてみよう。

自分のすきなこと、したいこと、ほしいものには、どんなものがあるか、おもいうかべてみよう。

あたまにえがきだしてみよう。声にださないで、あたまのなかで、しゃべりながら、えらびだしてみよう。(中略)

それを、なんでも、どんなことでも、かまわない。ほかのひとにしられたら、はずかしいことだって、自分のすきなことなら、かまわないから、かいてみよう。

注7　松本利昭『たのしい詩のかきかた「たいなあ方式」たいなあでかこう』(少年写真新聞社　一九六四年)四九・五〇・五六頁

ひとつでも、ふたつでも、三つでも、もっとおおくても、かまわない。それをどしどし、あたまにうかんでくるものを、ノートにでも、ザラ紙にでも、かいていってみよう。（中略）
自由自在にかけないひとは、さっそく、この方法でかいてみよう。

して　みたいなあ
いって　みたいなあ　　というような
なって　みたいなあ　　きもちを
………　たいなあ　　かいてみよう
………　たいなあ

これが「たいなあ方式」で「あたらしい詩」をかいていく、いちばんさいしょの方法だよ。

松本はシュールレアリズムの方法の一つである「自動記述法」をもとに、「……たいなあ」という気持ち、すなわち書き手の「欲望」を表現にしていくことを推奨する。そのことによって、子どもの深層意識を掘り起こすことを期待した。そもそも松本は、自分自身のコンプレックスを跳ね返そうとするところに人間の生きる力の源泉をみており、どの子どもも本来もっているそうした力を詩の表現において発揮させるうえで、子どもたちに自分自身の隠れた「欲望」を追求させたり解放させたりすることを求めた。詩の表現において子ども自身の願望や欲望を追求することから、当初「たいなあ詩」と呼ばれた。その後、それらの詩は「主体的児童詩」と呼ばれるようになった。そこでは、現実とは異なる新しい世界を想像力によって主体的に創造していくことが求められた。そのような指導によって生まれた多くの作品のなかから、主体的児童詩を代表する作品を次に示す。

むし人間(注8)

五年　石川せき子

クラスのみんなをおかまの中へつめた
ガギュッ、ガギュッ、と音がした

もうじきむさるころだ
ふたをあけてみよう

みんなをかまの中から出した
みんな真赤だ、
魚屋へ　せいぼのかわりに
むし人間を三六人やった。

魚屋のおばさんは
それを店に出した。

（「児童詩教育」昭和38・5刊）

注8　弥吉菅一・白木揄弥・森井弘子『子どもポエムの展開史』（教育出版センター　一九八六年）一八〇・一八一頁

「むし人間」とは「蒸し人間」である。人間をお釜のなかで蒸して魚屋へお歳暮として贈るという残酷な内容である。松本はこうした作品を高く評価し、自らが発行する雑誌のなかで大きく取り上げた。雑誌には、作者である子どもがどうしてこのような詩を書いたのかも掲載された。それによれば、この詩が書かれたのには次のような事情があったという。(注9)

むし人間を書いたのは、みんなが、わたしのことを、「赤くなった。赤くなった」と、ひやかしたからです。(中略)

私は「みんなだって、赤くなる時、あるだろう」と言ってやりたかった。

(「児童詩教育」昭和38・8刊)

これをみるとわかるように、人前では緊張して顔が赤くなってしまうというコンプレックスをもっていた作者が、クラスメイトからからかわれることをくやしく思って書いたということである。ある意味で、詩を書くことで自分をからかうクラスメイトに言い返している、別の言い方をすれば復讐しているともいえる作品である。松本はこうした創作指導を通した児童詩教育について「浄化と自覚の主体的な教育効果がある」として、次のように述べている。(注10)

こうして自分で自覚することによって、自分の生活を本質的にみつめる、という目、奥深いところでつかみうる、もののみかた、かんじかた、かんがえかた、とらえかたが、その子におのずからそなわってきます。そしてそれは、その子の行動のすべてをきめていく基準になり、その子は、先生やおとなから教えられ、みちびかれて、すなわち生活指導されて、ひきあげられながら向上するのではなくて、自分で自分の生きかたをみつけだして、自分で自分の求める道を強く生きていくことができる、そういう目とちからのふたつをつかみとることができるのです。

これを作品「むし人間」に即して考えれば、松本はこうした作品を書くことによって、作者自身のコンプレックスである顔が赤くなることをクラスメイトにからかわれる悔しさが浄化され、そして、自分自身がそういうコンプレックスに対してどういう認識をもっているかを自覚することになるということになろうか。こうした詩を書くことが、自分で自分自身の姿や生き方を主体的に捉えたり考えたりする子どもを育てることになると松本は考えているのであった。この他にも、主体的児童詩教育からは、次のような作品が生まれた。

一万年のあそび(注11)

学年不明　戸津紀夫

海にはいってあそんだ。
陸でもあそんだ。

注9　注8に同じ。一八一頁
注10　松本利昭「生命の欲求をもえたたせよう（その四）」（「児童詩教育」一九六三年八月）九四頁
注11　注8に同じ。一八一・一八二頁

くもの上でおにの子とあそんだ。
うちゅうのながれぼしとあそんだ。
あそびすぎて年月がたった。
もうよぼよぼのおじいちゃんになってもあそんだ
ひげが五mも長い。
それでもあそんだ。
休んでもゆめがあそんでいる。
こんどは太陽と赤くなるきょうそうをしてあそんだ。
もう一万年もあそんだ。
死んでもあそんだ。
空の上から子どもがあそんでいるのをみていた。

（「児童詩教育」昭和38・6刊）

子どもがもともと持っているエネルギーを詩の創作という行為によって解放することで、子ども自身がもつ想像力や創造性が豊かに発揮されている姿がここにはある。学校という枠組みや教育という制度さえも突き破るような力強さとダイナミズムが感じられる点で、この作品は主体的児童詩を特徴づける作品の一つとみられる。(注12) 現代からみればかなり特殊で異常な世界を描いているようにみえるこれらの児童詩は、しかしながら、子どもが本来もっているエネルギーや可能性に対して無条件に絶対的な信頼をおこうとしている点に特徴がある。

(3) 稲村謙一の児童詩教育論

松本と同様に一九六〇年代の児童詩教育をシュールレアリズムの方法によって刷新しようとしていた稲村は、自身の著書で児童詩を引用しながら次のように述べている。(注13)

目だま〈例5〉

田島京子

ギョロッとした目玉、
いやだ、
そうだ、
みんなの目玉を集めてやれ、
大きい目玉、
小さい目玉、
まりちゃんの目玉は、大きかった。
細野さんの目玉は、細かった。
ゆう子さんの目玉は、かわいかった。
よいしょ、ぶりぶり

注12 後注(277ページ)参照。
注13 稲村謙一『詩でそだつ子ども』(少年写真新聞社 一九六三年)二三・二四頁

ぜんぶで四十九こ集まった。
三輪医院に売ったら、
一つ百円、
みんなで四千九百円。
（埼玉県狭山市入間川小・六年・指導　塩原勇）

作者田島京子さんは、ある座談会でつぎのようにいっています。
（わたしは目が悪くって、二回も手術したんだよ。もういやんなっちゃって。手術はいたいしね。それなのに、みんなは、そんな手術をしないし、いたいおもいもしてないんだ、とおもったら、急に、にくらしくなってきたんだよ。で、みんなの目玉もとってやれと思ったの。でも、もう自分の目玉はいたいから、自分のだけはとりたくなかった。先生いれて五十人いるけどさ。「詩の手帳」昭和三八・二月号）

このように、作品「目だま」と座談会での作者の言葉が引用されている。ここからは、さきの「むし人間」と同じように、目が悪いということでつらい思いをしている作者の子どもが、そうしたつらさを「みんなの目玉を集める」という特殊で異常な場面を想像して詩に書いたことがわかる。こうした作者の思いと詩の創作について、稲村は次のように述べている。(注14)

みなさんの心のなかにある、美しいもの、おそろしいもの、心の奥にかくれていたもの、それらをみんなあらわしていけば、どんなにか心がせいせいするでしょう、すがすがしくなることでしょう。

稲村は、松本と同様にこうした詩の創作に心の「浄化」をみている。「どんなにか心がせいせいするでしょう、すがすがしくなることでしょう。」という言葉がそれを端的に表している。ただ、同じように創作にシュールレアリズムを取り入れていた稲村と松本であるが、では、まったく同じような考え方で児童詩教育を捉えていたかというとそうではない。たとえば、稲村の著書の目次は次のような構成になっている。(注15)

1. 心に思いうかんだとおりに
心に思いうかんだままを
ひとつのことを
ひとつのことを横なりに
かくされた心をひきだそう
2. つぎつぎに思いをひきだして
つづけて思う
見たものからつぎつぎに思いだして
自覚的に思いをひきだす

心のおくからもひきだして
連想の練習
3. たとえて　そして　そのものにする
たとえていう
そのものにする
そのものになる
4. 考える詩を書こう
詩を書くことは考えること
今までの考える詩

注14　注13に同じ。二五頁
注15　注13に同じ。v～viii頁

考えを書こう
ただの理くつではなく
書きながら考える
それからそれからと考えをつづける
広く考えを追う
なぜだろうから先を
世のなかが見えてくる
希望や願い
5. 知識や科学をゆたかに生かして
知識を生かして
科学のこころ詩のこころ
6. よく見　よく感じる
同じものでも
ズバリと感じをとらえる
そのままに見る—写生
ひろく見ること、つづけて見ること
こまかに見る
じっと見つめる
感じをこめて見る
感じを強くおしだして
内がわから見る
見てきいて感じて考えて
7. 音やすがたをいきいきとあらわす
音をいきいきと書こう
もののすがたをいきいきと書こう
8. あらわしかたのくふう
ことばのつかいかた
行のわけかた
9. 生活の現実と心の世界
けんか
現実の世界　心の世界

松本の児童詩教育論では、コンプレックスに裏打ちされた子どもの「欲望」を解放するという一点に重心をおいて児童詩とその教育を考えていたが、この目次からわかるのは、稲村の指導理論はそういう面もふくめつつ、それ以外の要素をも取り込もうとする点に特徴をもつ児童詩教育論であったということである。私はかつてそうした両者の違いについて、松本が「欲望」の解放を軸とした「求心的な理論」であったのに対して、稲村は戦前からの児童詩教育の成果や歴史を取り込みながら新しい要素を付加しようとする「遠心的な理論」と評価したことがある。(注16)

そうした稲村の考え方はこの目次によく表れている。もくじに即して具体的に言えば、「1．心に思いうかんだとおりに」「2．つぎつぎに思いをひきだして」などは、シュールレアリズムの自動記述法を援用した部分になっているのに対して、「4．考える詩を書こう」では児童生活詩が重視した思考表現を重視したり、「6．よく見　よく感じる」では児童自由詩が重視した感覚表現を重視したりしているというふうに、である。そして、「9．生活の現実と心の世界」を最終章におくことで、児童生活詩が描く生活の現実と主体的児童詩が描く心の世界とを児童詩が描く世界としてどちらも認めていこうとしている。そうした稲村の考えがよく表れているのが次の部分である。

とっとり砂丘(注17)〈例82〉

宿院清

さらさらさらさら。
さらさらさらさら。

注16　児玉忠「稲村謙一の児童詩教育論――松本利昭氏の理論との比較を中心に――」（大阪教育大学国語教育学会編「国語と教育16号」（一九九一年三月）
注17　注13に同じ。一三七・一三八頁

砂防がきの竹のすに、
ゆめのような音をのこして、
砂がうごいている。
東西十六キロ。
南北二キロ。
この広大な砂丘の中に、
いろんなものをみた。
ハハハハハハ、
砂のチャンバラ。
ひからびた砂のために、
すぐミイラになってしまうもの、
いそがにのえじきになって、
がいこつだけになるもの。
それをくうカラス。
からからからから、
風化されたほねがくだけて、
砂になる。
うちゅうのあくまの目玉がとび出て、
ガラス玉になって、

ゴロゴロゴロころがっている。
風がいきをするので、
砂におもしろいもようができる。
にんげんが、
なんぼ《（いくら）》あしあとをのこしても、
見えない生物がすぐ消してしまう。
ハハハハハハ、
風紋なんて消してしまえ。
砂防がきはすぐうまってしまう。
一分もたたないまに、
みていた砂の場所がかわる。
億万いじょうもの、
砂の大移動だ。
とっとり砂丘の歴史さまの大移動だ。

（鳥取県岩美郡福部小・四年・指導　田辺潤）

見るだけでなく、きくだけでもなく、見て、きいて、感じて、考えて、こうしたはたらきが、みんないっしょにはたらいて、鳥取砂丘のすがたを、よくえがいています。砂丘の今のすがた、砂丘のなかで生き、そして死ぬもののすがた、それらをつつんで、砂丘は長い年月を経てきた、これからまた長い年月をこえようとする。作者のもつ科学的な知識、感覚のはたらき、思考の力、それらがひとつになって、砂丘のすがたを、じつによくえがいています。

稲村のコメントからは、「作者のもつ科学的な知識、感覚のはたらき、思考の力、それらがひとつになって、砂丘のすがたを、じつによくえがいています。」と、知識をもとに感覚、思考、想像がさまざまに豊かに働いていることを高く評価している。一九六〇年代の稲村は、この「とっとり砂丘」のような作品をこれまでのような生活の事実や感動をありのまま描き出すだけの児童詩を超える新しいタイプの児童詩と考えていたのであった。

(4) 滑川道夫の児童詩教育論

同じ一九六〇年代、戦前からの児童生活詩とその教育を牽引してきた重鎮の一人である滑川道夫も、児童詩教育に関する著作を残していた。滑川の考え方とも比較しながら、松本利昭と稲村謙一との違いをより明らかにしてみよう。彼らの違いに注目すると、たとえば詩の創作における「感動」と「生活（事実）」の関係をどう捉えるかという点に特徴がある。(注18)

感動は、わたしたちの生活の中から生まれます。ただわけもなく「さびしい」「かなしい」「うれしい」「にくらしい」というぼんやりした「心のうごき」はどこにもありません。それは、よく考えてみると、きっと「なにか」についてのものです。なにかにむかっている心のうごきなのです。「心の

うごき」だけが、ぼんやりとあるはずはありません。（中略）
だから、わたしたちは、心のうごき（感動）をあらわそうとすれば、その心のうごきのむかっている「生活のことがら」をつかまえなくてはならないのです。わたしたちの詩のもとになっている「感動」は、生活のことがらといつもいっしょになっているのです。心のうごいた生活のことがらを見つめないと、感動もはっきりしないわけです。

滑川は、「感動は、わたしたちの生活の中から生まれます。」とし、「心のうごき（感動）をあらわそうとすれば」、すなわち、その感動を詩として表現しようとするなら、「『生活のことがら』をつかまえなくてはならない」とする。つまり、「感動」を「生活のことがら（生活の事実）」に貼り付いたものとしてとらえ、感動を描くということは「生活のことがら（生活の事実）」をつかまえ、表現において読み手にわかるように明確に示す必要があるというのである。

こうした考え方で創作させるとき、児童生活詩の特徴として指摘したように、生活の事実としての人物の行動や言動などを場面としてどう記録し描写するかが創作にとっての大切な要素になる。逆にいえば、主体的児童詩が創作において重視した想像によって現実とは別の世界を創造するという側面は重視されない（避けられる）ということになる。そのため、児童詩をどう読むかという点においても、児童生活詩では、表現の背後にある生活の事実がどうであったか、その事実を書き手がどう捉えたかということが重視されることになり、対象をどういう発想や認識で捉えたかということや、捉えた世界をどういうイメージで造型・創造

注18　滑川道夫『子どもの詩の教室』（あすなろ書房　一九七一年）二五頁（なお、初出は『子どもの詩の教室』〈少年写真新聞社一九六三年〉）

したかなどといった点は重視されることはなかったのであった。そうした特徴は、次の児童詩とその評価によく表れている。(注19)

小学四年生の美子《よしこ》さんは、やせっぽちです。あなたのともだちの中にも、やせてほそい感じのする人がいないでしょうか。(中略)

これは、美子さんの作品です。

ミイラ〈例8〉

わたしのことを
「ほねと皮」
と　いうともだちに
ミイラ　をみせてやりたい
「ほねと皮」とは
こういうものだと
おしえてやりたい

〈青森市長島小・五年・斎藤美子・文集「とろっこ」より・指導・徳差健三郎〉

—日本児童詩年鑑一九六〇年版より—

「ミイラをみせてやりたい」というのが、美子さんの感動の中心部をあらわしています。これを見せてやって「骨と皮」というのは「こういうもの」で、わたしとはちがうんだということを、思い知らせてやりたいというのです。

いつも「骨と皮」といって、くやしがらせるともだちを、ミイラの前につれていって、「骨と皮というのはね、こういうもんだよ、わかったかい！　よっく見ておけよ。わたしとはちがうことがわかったろう。」

そうしたら、わたしを「骨と皮」なんていわなくなるだろう――という美子さんの心があらわれているでしょう。美子さんのくやしさ・いかり・いきどおりが、こういうことばになっているのです。


松本や稲村が取り上げたのと同様の、作者である子どものコンプレックス（この場合、自分がやせっぽちであること）が題材やモチーフとなった詩「ミイラ」とこの詩を書いた子どもの言葉が紹介されている。しかしながら、作者のコンプレックスが同じようにモチーフになっていても、作品をみると松本や稲村が取り上げた作品との質的な違いは決定的である。作品「ミイラ」では、起こった事実や感じた思いがそのまま作品の題材や主題として言語化されており、先に紹介した「むし人間」や「目だま」など、想像力を働かせてイメージ世界を創造して書いた作品とは対照的な創作法となっている。

また、子どもの欲望や願望をモチーフとした次のような作品についても、その考え方に同様の質的な違いがみとめられる。(注20)

注19　注18に同じ。二八・二九頁
注20　注18に同じ。六一～六三頁

村山くんは、東北の海のないところでそだった六年生です。いつも「海を見たい、海へいってみたい」と思っていました。夏休みに海へつれていってもらえる機会がきたようです。赤十字で希望者を海水浴につれていくというのです。村山くんにとってまたとないいい機会です。

海へ行きたい〈例23〉

きのう五時間目に
先生が夏休みに赤十字の方で
由良に海水よくしに　つれていくといった
ぼくとびあがるほど　よろこんだ
海がみたい
海へいきたい
話にだけきいていた海
本でだけ読んでいた海
あたまのなかにだけある青い海
夜のごはんの時　おとうさんに
由良にいってもいいかと　ねがった
おとうさんも　おかあさんも
だまっている
おもいだしたように　ぽつんと

――やりたいがなあ　とおとうさんがいう
そしてぽつりぽつりとかぞえはじめた
会費が一五〇エン　汽車賃が五〇エン
やみ米とやさいが二〇〇エン
いろいろなしたくに一五〇エン
こづかい五〇エン
あわせて六〇〇エン
兄さんもいきたかろうな
二人で一二〇〇エンか
おとうさんは、だまっている
おかあさんは、今年はあきらめなさいという
ぼくは「一二〇〇エン」「一二〇〇エン」
と心の中でつぶやきながら
ごはんをはしでかっこんだ。
海がみたい
海へいきたい
話にだけきいていた海
本でだけ読んでいた海
あたまの中にだけある青い青い海

ああ、その海で
思いきりおよいでみたいなあ。
〈山形県天童小・六年・村山哲・「全日本児童詩集」〉一九五〇

くらしにめぐまれている家では、なんでもない「千二百円」かもしれません。村山くんの家ではそんなわけにはいきません。村山くんばかりでなく、いまの日本には、こういう家のくらしをしているともだちがすくなくないのです。

そう考えると、ソロバンの練習問題のような一五〇、五〇、二〇〇、一五〇、五〇という数字にも深い意味が読みとれるのです。その数字が、「やりたいがなあ」（父）「今年はあきらめなさい」（母）のことばのうらづけになって生きています。

そのため、村山くんが、「話にだけきいていた海、本でだけ読んでいた海、あたまの中だけにある青い青い海」で「思いきりおよいでみたいなあ」というつよいほんとうの心が、読む人の胸にせまってきます。（中略）

こういう書かないではいられないようなつよい心のうごきがあるから、しぜんにながい詩になったのでしょう。ながくなっても、だらだらしたところもなくひきしまっています。

滑川は作品の「思いきりおよいでみたいなあ。」という部分を「書かないではいられないようなつよい心のうごき」、すなわち「感動」と捉え、その「感動」を支えているのが「『やりたいがなあ』（父）『今年はあきらめなさい』（母）のことば」であり、その父母の言葉を裏付けているのが「ソロバンの練習問題のような一五〇、五〇、二〇〇、一五〇、五〇という数字」であるとしている。「海へいきたい」「思いきりおよいでみたい」という作者の「感動」が、「生活の事実」である数値（お金の額）によって客観的に裏付けられている点が高く評価されている。

このように、生活の事実を題材としてそれを言葉で客観的に描き出すこと、すなわち、感動の背後にどのような生活の事実があったのかを読み手がわかるように描いて示すこと、これが児童生活詩が大切にしてきた要素であった。逆に言えば、児童生活詩において、作品世界には必ず生活の事実が丁寧に描き出され、どういう生活の事実に対して作者が感動したのかを読み手が客観的に確認できること（作品を読む段階で、作品に直接取り上げられた題材から、創作のもととなった事実が還元できること）が創作のポイントになっている。すなわち、創作において、現実の作者と作品における作者（語り手）、および生活の世界と作品（題材）の世界と分かちがたく結びついている点に特徴があるのである。[注21]ことばを実体的に捉えるこうした点が主体的児童詩が切り開いた世界との大きな違いであり、こうした特性によって児童生活詩が国語科の学習指導の範疇をこえて、生活指導や学級経営などとも容易に結びついて多くの成果を上げてきたのであった。

一方、この点で主体的児童詩は大きく異なっていた。松本利昭が「発想の質がちがう」と述べていたことは、じつはこの「感動」の捉え方そのものにあった。この点をわかりやすく述べているのが稲村謙一である。稲村は次のように述べている。[注22]

（引用者注　これまでの児童詩で）わたしたちは、「感動をかく」「ハッと思ったことをかく」こと

注21　後注（277ページ）参照。
注22　稲村謙一『子どもの詩の見かた』（少年写真新聞社　一九六八年）四二・四三頁

につとめてきましたが、じつは、感動からつぎつぎに生まれてくる気持ちを書かないで、どういういきさつで感動したか、どういう経過《けいか》でハッと思ったかということを書いてきたのでした。だから、こういうことがあって感動しました、このようにしてハッと思いました、と書いたのです。したがって、感動をかけば作品は終るのです。ハッと思ったら終るのです。

ハッと思ったこと、感動、そこから詩がはじまるのが、新しいこどもの詩のかきかたです。新しいこどもの詩は、感動から詩がはじまります。感動のはじまりが詩のはじまりです。これまでわたしたちがやってきた詩は、感動のはじまりが詩の終り、ハッと思ったら詩が終ったのです。このあらわし方の大きなちがいに、新しい詩の特質をみるのです。そして、これが詩の感じかた考えかたというものであるはずだと思うのです。

感動からはじまる詩、感動のはじまりが詩のはじまりとなる詩、感動そのものから展開し、感動そのものを追求していく詩、そのような態度をもち、そのような感じかた考えかたをそだてたいものです。

稲村はこのように述べ、感動で詩を書き終えるのではなく、感動から詩が書き始められる点に新しい詩の特質をみようとしている。感動から詩が書き始められるというこうした詩の方法について、先に引用してきた「むし人間」や「目だま」といった主体的児童詩教育の立場で創作された作品で考えてみると、緊張で顔が赤くなってしまうことをからかわれてつらいという思い（感動）や自分だけ目が悪くてつらいという思い（感動）は、それぞれの作品では、つらい経験が生まれた事実関係や経緯の「結果」としてあるのではなくて、創作において新しいイメージの世界を生成する「起点」になっている。これが稲村のいう「感動のはじまりが詩のはじまりとなる詩」ということの内実であり、松本のいう「発想の質がちがう」ことの内実である。

こうした詩の方法に関する本質的な違いがあったためか、先に紹介した主体的児童詩は、児童詩生活詩が主流であった当時の児童詩教育界において一定の反響はあったものの、かならずしも広く受け入れられるものにはならなかった。加えて、これを主導した松本利昭が児童生活詩を厳しく否定したことはもちろん、運動の母体となった雑誌において、教育界ではタブーとしてきたような残酷性のある内容を描いた児童詩をことさらに高く評価したことなどから、これまでの児童詩教育の指導者たちからの反発を買った。また、松本自身、自分が提唱し自分の会社が発行する雑誌が運動の母体であったことなどから、主体的児童詩教育に共感する指導者たちが集まった教育運動の場面においても、独善的・排他的な態度をとったという。

こうしたことなどが複合的な要因となって、主体的児童詩教育は、教育運動としてみると一九六〇年代の終わりには急速にその力を失い、運動体としては分裂・解体してしまったのであった。こうした背景には、児童詩の質的な革新と教育界のタブーにあえて挑戦しようとする詩人・ジャーナリストであった松本利昭と、戦前の生活綴り方教育の伝統と歴史を守りつつ戦後においてもそれを継承し発展させようとする教育者といった対立の構図もあったように思う。

その後、一九六〇年代における児童詩教育界のこうした対立の構図に対して、渋谷清視は次のように述べている。（注23）

注23　渋谷清視『増補改訂　にっぽん子どもの詩〈上巻〉』（あゆみ出版　一九八四年）二七三・二七四頁

（引用者注　たいなあ詩・主体的児童詩は）児童詩発達史のなかに咲いた〝あだ花〟に終わらぬよう、今後も研究と実践をふかめてほしいと願うし、じっさいに発展していくであろうと、わたしは大きな期待を寄せている。

しかしわたしは一部の人たちが論断するように、すでに生活綴方伝統詩の時代は終わった、これからは〈たいなあ詩〉の時代であると、二者択一的に結論づけることはできない。そういう考えかたは児童詩の真の発展を願う立場としては、避けられるべき性格の思考法であろうと思う。（中略）

ここでわたしがいえることは、生活綴方伝統詩のもつ、現実に即してリアルにキメこまかく鋭く対象を把握することを通して、豊かな感情表現をめざす指導観・指導的手法と、〈たいなあ詩〉のめざすそれらとを、どう正しく結合していくか――という課題を追求したいということである。

渋谷の評価で注目されるのは、「児童生活詩」と「主体的児童詩」の対立を「二者択一的に結論づけることはできない」としている点である。この点に関しては私も同じ評価をしている。そして、「生活綴方伝統詩のもつ、現実に即してリアルにキメこまかく鋭く対象を把握することを通して、豊かな感情表現をめざす指導観・指導的手法と、〈たいなあ詩〉のめざすそれらとを、どう正しく結合していくか」ということを課題としている。こうした課題は、現代においてもなお検討されるべき課題として私たちの前にあるが、じつのところこの課題は、一九七〇年代以降に、松本利昭から距離をおいて主体的児童詩とその教育を批判的かつ発展的に継承してきた全国各地の少数の指導者たちによって、引き続き検討されていたのであった。

後注

注12　松本利昭が主張したことの影響や意義について検討した論文として、足立悦男「児童詩のアポリア　――『しにん』論争」（足立悦男『現代少年詩論』明治図書出版　一九八七年）がある。この論文では、児童詩において題材としての人の「死」やその描き方について、教育で取り扱うものとしてのどこまで許容できるのかをアポリアとしてとらえ、松本利昭と巽聖歌らとの論争に検討を加えている。

注21　稲村謙一と滑川道夫との児童詩教育論を比較し考察した論文として、次のものがある。
児玉忠「稲村謙一の児童詩教育論　――滑川道夫氏の理論と比較して――」（大阪教育大学国語教育研究室編　雑誌「国語教育学研究誌　第一二号」一九九二年三月）

第四節　一九七〇年代以降の児童詩教育

(1)　一九七〇年代の児童詩教育（「主体的児童詩」のその後）

一九七〇年代になると、全国的に大きな反響を巻き起こした主体的児童詩教育も、運動体としては六〇年代末に急速にその力を失い終焉を迎えた。しかし、一度は松本利昭のもとに集ったものの、その後、松本から距離をおいた指導者たちが、小規模ながら全国の各地でそれぞれに児童詩教育を追求した。活動の母体となった雑誌に注目してその経緯をごく簡単にまとめてみる。

最初、主体的児童詩の運動は、その提唱者である松本利昭が昭和三三（一九五八）年に雑誌「詩手帖」を大阪の地で創刊したことに始まる。その後、「詩の手帖」、「詩の手帳」と雑誌名を変えながら発行がつづけられた。そして、昭和三七（一九六二）年に編集の場が大阪から東京に移され、昭和三八（一九六三）年には、雑誌名が「児童詩教育」に変更された。

その後、松本利昭の方針に違和感をもつ人々が運動の内部で松本と対立し、その結果、運動体としては解体した。そして、松本は引き続き雑誌「児童詩教育」の発行をつづける一方で、東京・名古屋・大阪のそれぞれの地で新たな雑誌が創刊された。東京では畑島喜久生らが主体となって雑誌「現代児童詩（第一次）」（昭和四一年一月〜五四年一一月）が発行された。名古屋では駒瀬銑吾・白谷明美ら（ただし、白谷は福岡在住）が児童詩教育研究会を立ち上げ、雑誌「児童詩」（昭和五三年三月〜平成一二年七月）が発行された。

大阪では山際鈴子らが大阪児童詩の会を立ち上げ、雑誌「詩と教育」（昭和五五年五月～平成一九年八月）が発行された。そしてその雑誌を母体にしながら「主体的児童詩（通称たいなあ詩）」を批判的かつ発展的に継承する児童詩教育研究をそれぞれ継続していった。

そうした指導者のうち、大阪児童詩の会の中心的メンバーとして雑誌「詩と教育」の発行に関わっていた山際鈴子はそれまでの自らの児童詩教育の実践をまとめて、一九七七年に最初の著書『児童詩の世界――詩を教えてくれた子どもたち――』を刊行した。この著書の「あとがき」の部分で、弥吉菅一が山際の指導実践に対して次のような評価をしている。（注1）

思うに、山際先生の指導なさっている詩創作の立場というものは、日本の児童詩教育界で多くの支持者を持ち続けてきた在来の「生活詩」というようなものではなかった。また、その「生活詩」を全面的に否定して提唱された「主体的児童詩」というようなものでもないのである。かりに名づけていうならば、それらのいずれでもない「第三の世界」とでもいうべきものではあるまいか。「生活詩」は、あまりにも生活変革に比重をかけすぎ、イデオロギーの道具となり、たいせつなポエジーを忘れていた。それを否定して提唱された「主体的児童詩」は、そのポエジーをこそ取りもどすべきだと、それに重みをかけすぎてか、子どもと教育の実態から次第に離れかけて今日に及んでいるようである。

この日本における児童詩教育界の二大主義は、共にそれまでの傾向を全面否定することによって自己の立場の正当性を強く提唱してきた。ところが、山際先生は、先達の開発された道を、全面的否定

注1　弥吉菅一「山際先生の児童詩教育における創作指導の実践記録を手にして」（山際鈴子『児童詩の世界―詩を教えてくれた子どもたち―』くろしお出版　一九七七年）一八八・一八九頁

の立場をとらず、「生活詩」からも学ぶべきものは学び、「主体的児童詩」の優れたところは学びとるという態度である。たゞし、その摂取基底に「子ども」をすえ、「子ども」への発問とその反応の分析の上で、取捨の選択をなし、山際鈴子独自の「詩の世界」を開発してこられたのである。

弥吉は、当時の世界情勢における東西冷戦による対立、およびそうした対立するどちらの陣営にも属さなかった「第三の世界」の国々を念頭において、山際鈴子の指導実践を「第三の世界」と比喩的に評価し、「『生活詩』からも学ぶべきものは学び、『主体的児童詩』の優れたところは学びとるという態度である」とし、両者の特徴をそれぞれ取り入れようとしている点に注目している。厳密にいえば東西冷戦の際にどちらの陣営にも属さなかったという意味での「第三の世界」という概念とは少し異なる面もあるものの、児童詩教育史からみると、山際の指導実践は児童詩教育におけるこの対立をアウフヘーベン（止揚）しようとするものであったと私もみている。では、山際の児童詩教育の特徴はどんなところにあるのか。次にみてみよう。（注2）

仏像

五年　野間恭子

人々があせにまみれ、作りあげた仏像。
細かく、すみずみまできざんだ仏像。
仏像を、人々は　生み育てた。
仏像を、愛でつつみ、ほほえみひとつまで気を配った。
仏像は　小さかった。

でも、人々は　仏像の中味をこくふやした。
手のないものも愛で、見えないうでをつくった。

なによりもだいじなのは想像力ではないかな
どんなに多くの事実を目の前に見ても、どんなに深く事実を観察していても、ただそれだけの所からは創造は生みだされないということは、直観的にわかっていました。では、その上にどんな要素が加われば、創造は生みだされるのでしょう。

「仏像」は、遠足に行ったあと書かれたものです。
奈良に行きました。ぎゃぁぎゃぁさわぎながら、仏像を見、お寺のぬれ縁で弁当をたべました。
この作品は七つの文からできていますが、目で見た事実を書いているのは、二行目と六行目で、あとの文は、仏像の中に自分のとらえた感動の世界をつめこみ表現しています。（中略）
仏像を見たことによって、作者の心の中に、作者の頭の中に、いままでの経験により蓄積されていた、人々のあせ、愛、ほほえみなどのようすが、いずみのようにわいてきて、イメージとなり、それがことばと結びつき、作品が生まれたと考えられます。したがって、「想像力」がなければ、このような想像はなされず、詩もまた生まれないといえるのではないでしょうか。

「仏像」という作品は主体的児童詩が重視した想像力による豊かなイメージ造型がなされた作品である。

注2　山際鈴子『児童詩の世界　―詩を教えてくれた子どもたち―』（くろしお出版　一九七七年）三六・三七頁

しかし、その一方で山際のコメントをみると、題材レベルでは奈良の遠足という学校行事で見た仏像を見た経験（事実）をモチーフとして創作している作品であることがわかる。その意味でシュールレアリズムが重視したような深層心理の解放といった点に力点をおくのではなく、生活経験（この場合、学習経験として見た仏像）から自然にイメージが立ち上がり、連想によって豊かな想像世界が展開しているといえる。山際が重視したのは、生活経験や生活事実とそれをもとにした感動とが想像力によってバランスよく融合しながら発見的かつイメージ豊かに展開していくような世界であった。そうした山際の考え方は、次の事例にもよく表れている。（注3）

小さな光

四年　島田博

一ミリメートルのような　小さな光でも
暗やみにはいったら、一メートルのような光になる。
光は、あいてがよわいと　のびて、あいてがつよいと　ちぢまる。
走りも　あいてできまる。
みんな　あいてできまる。
でも自分の力は　いっしょだ。
いばってもつよくはない。

「想像力」って、何かな

「小さな光」は、四年生ももう終わりのころに、書かれた作品です。（中略）ここで一ばんだいじなのは、「光」と「人間」の結びつきです。光についての心象、人間の力についての心象、光についての理解、人間の力についての理解、それらの混沌とした思いが結びつこうとするとき、ひとつ本質にせまった条件が、せっぱづまったぎりぎりの所で選ばれてくるのだと思われます。（中略）したがって、「想像力」というのは、過去の認識を、いま目の前にあるがごとく心象としてえがき出し、ある時は直観的にものの本質にせまってものをとらえ、さらに本質をつらぬいた思わぬ結びつきから、創造を生みだしていく力ということができるのではないでしょうか。

ここでも山際は想像力をとりあげ、児童詩を創作するうえでの基本的な方法として位置づけている。子どもにとっての身近な題材である「光」を取り上げ、その知識やイメージと「人間」に関する理解とがそれに対する想像力によって結びつくことで、作者自身にとっての人間認識の本質にせまっているとしている。山際にとって、想像力によってものごとの本質に迫るような発見的なものの見方が創造されていくことが児童詩の創作における必須の条件であった。

ただし、ここでいう想像力とは事実から乖離したような空想ではもちろんなく、事実の奥に隠されていた本質を見抜くために子どもが働かせる力であった。換言すれば、日常の事実をしっかりと見つめ想像力を働かせて捉え直すことで、その日常の事実がもっている意味や価値を書き手が新しく発見的に創造するというのが山際の創作指導論であった。そして、それが主体的児童詩の創作指導の問題点を批判的・発展的に継承

注3　注2に同じ。三八・三九頁

した新しい児童詩教育を実現していくうえで山際なりに出した解答であった。山際はその後、この考え方をさらに発展させ、日常の経験や事実と書き手による発見的な価値付け・意味付けとを想像力によってつないでいくための「詩的なものの見方（認識の方法）」について、さまざまな教材や指導法を開発していくことになった。その詳細は第一章および第二章の実践事例として述べた通りである。

ちなみに、ここで紹介した山際の事例のように、松本利昭から離れて独自の道を模索していた指導者が刊行した著書のうち、一九七〇年代に刊行されたものには次のものがある。（番号は引用者）

1 現代児童詩研究会・大阪児童詩の会『現代子ども詩集』（鳩の森書房 一九七二年）
2 畑島喜久生『子どもの詩の書かせかた 小学一・二・三年』（鳩の森書房 一九七三年）
3 畑島喜久生『子どもの詩の書かせかた 小学四・五・六年』（鳩の森書房 一九七五年）
4 弥吉菅一『新しい詩の創作指導』（明治図書 一九七六年）
5 山際鈴子『児童詩の世界 詩を教えてくれた子どもたち』（くろしお出版 一九七七年）

「1」は、東京の畑島喜久生が主宰した現代児童詩研究会と、山際鈴子らが中心的メンバーとなった大阪児童詩の会とが共同で刊行した児童詩集である。今日的にみても魅力的な児童詩が数多く収められている。また、「2」と「3」は東京の畑島喜久生が単著として刊行したもの、「4」は弥吉菅一と名古屋の児童詩教育研究会のメンバーとが共同で刊行したものである。

ところで、先に引用した弥吉の「第三の世界」という評価は、主体的児童詩教育を批判的かつ発展的に継承した実践家である大阪の山際鈴子の個人的な実践に対してなされたものであった。しかし、今日的視点から捉えるとき、松本を離れて創刊された「現代児童詩」「詩と教育」「児童詩」のどの雑誌も、そこで追求された児童詩教育は、生活綴り方伝統詩（いわゆる生活詩）と主体的児童詩との対立を乗り越えようとする「第三の世界」の児童詩教育と呼ぶべき特徴を備えたものであった。（注4）

(2) 一九八〇年代の児童詩教育（「ことば遊び」の台頭）

第一章でも述べたように、一九八〇年代は社会の大きな変化とともに、人々の価値観が大きく揺らいだ時期であった。従来のあらゆる価値や権威は相対化され、特権的な位置をもちえなくなっていった。教育の世界も同様で、文部科学省が主導する新学力観のもと、旧来の詰め込み式の学習指導は否定され、主体的・能動的な学びを軸とする多様化・個別化・個性化が推奨された。そのことで教育の世界はこれまでの保守的な拠り所を失い、これまでのあらゆるあり方は再検討されていくことになった。

そうした時代に、国語教育や児童詩教育の世界で注目を集めたのが「ことば遊び」であった。少年詩の世界では、一九七三年に谷川俊太郎が『ことばあそびうた』（福音館書店）を発表し、幼児教育の世界で大きな反響があった。第二章でも述べたように、谷川の意図は現代詩の刷新の方にあったのだが、『ことばあそびうた』の試みは、谷川の意図以上に教育界、なかでも国語教育界に大きな影響を与えた。それは、「ことば遊び」という存在やその行為が、不透明で不安定な社会のなかで「ことば」と「身体」と「共同体」という、いわば人間にとってのもっとも根源的で原初的な部分の回復や再生に関わるものだったからであった。

注4　後注（304ページ）参照。

その意味で、「ことば遊び」という新しい詩の創作指導の登場とその全国的な展開は、これまで述べてきたような児童詩教育の歴史という狭い文脈から生まれたものではなく、社会の状況を背景とした現代の教育界がもつニーズや必然性が生み出したものということができる。こうした事実は、一九六〇年代の現代詩がすでに詩史的な見通しがもてなくなったことと時間差はあるものの、一種のパラレルの関係にあるものと私は考えている。

さて、国語教育界で早くから「ことば遊び」に注目してきた田近洵一は、一九八〇年代初頭の教育界の問題を次のように指摘している。(注5)

> 教室がたてまえだけの世界になっているのではないか。子どもが活発に活動しているように見える小学校の教室も、それは教師のペースに子どもが合わせているだけのことであって、なんとなくうそっぽいような気がする。教師の掌の中で、子どもはあまりにもいい子になりすぎているのではないか。

田近はこのように述べ、「たてまえだけの世界」になった教室や授業のあり方について厳しい批判をしつつ、その問題を「学習のあり方」や「子どもの裏の文化が衰弱している」こと、「子どもとして自己を解放する世界を共有できなくなっている」ことなどを挙げて次のように述べている。(注6)

> ではどうしたらよいのか。私たちは基本的には教室を子どもにとって心を解放し自己を表現できる場、そして人間感情を共有できる場にしなければならないと考えた。一日中机に座って心とからだを硬直させる既成の教室という枠を取り払わなければならないのだ。たとえ机に座るという現実の形態

を変えることはできなくても、子どもが表現の主体者、行動の主体者として、己れを閉ざすことのない言語生活を教室に取りもどしたいと考えたのである。

そのためには、第一に学習のあり方を変えなければならない。学習を問題の追求行動として組織することで、発見のある授業をするようにしたい。しかし、それだけではまだ何かが足りない。それは、子どもの裏の文化が衰弱しているということではないか。そして子どもが、子どもとして自己を解放する世界を共有できなくなっているということではないか。

こうした問題意識のもと、田近が注目したのが「ことば遊び」であった。それは、現代の教育が切り捨ててきたものに教育の立場から光を当て直すことを意図していた。見方を変えて言えば、現在の教育が「ことば遊び」という外部（他者）をもつことで、逆照射されるものに教育の可能性を求めたのである。（注7）

私たちは伝承のことば遊びの世界をさぐることをとおして、そこには現代の教育が、そして現代の文化が切り捨ててきたもののあることに改めて気づいていった。そして実は私たち自身がすでにそれを失っていた。私たちは積極的にことば遊びの実践と取り組んだ。（中略）谷川俊太郎氏やまど・みちお氏らのことば遊びやことば遊び歌は、私たちの実践を勇気づけてくれた。私たちはこれまでの教育の枠からはみ出る矛盾を犯しながらも、ことば遊びの上に教育的な営みとしての新しい可能性があ

注5　田近洵一「視点　教室にことば遊びを」（ことばと教育の会編『しなやかな発想を育てる　教室のことば遊び』教育出版　一九八四年）七頁
注6　注5に同じ。八・九頁
注7　注5に同じ。一〇・一一頁

ることを確認していったのである。

こうした田近の発言からは、谷川俊太郎やまど・みちおといった当時の少年詩の作者たちの仕事が大きく影響を与えていたことがわかる。しかしながら、ことば遊びを教材とするということは、教育という営みにとってそもそも矛盾を犯す行為でもあった。それは、もともと対立概念であったはずの「遊び」と「学び」とを一つに結びつけているからであった。それを田近は「教育の枠からはみ出る矛盾」という表現で述べている。そこで、田近はことば遊びを教材とするうえでの機能や効果について次のように確認している。(注8)

表現としてのことば遊びのたのしさは、最近若者にはやりのことばで言うと、何かを「言ってしまった」(ついに目的を達成した)というところにあるのではなく、何かが〝言えた〟(思わぬ結果を得た)、そして心の中に何かが〝生まれた〟というところにある。そこでは、ことばは伝達の道具ではない。むしろ日常レベルでのことばの機能は否定される。人はことばによって、ことばそのものを遊ぶのだ。そのために、ことばをコミュニケーションの機能としてとらえず(ことばが日常生活ではたす実用的な機能を捨て)、音や意味を持つ一つの実体としてとらえて、それを加工する。言いかえると、ことばをその構成要素である音や意味の上で解体・再構成して、別のイメージ生成の装置につくりかえるのである。そのためには、具体的にどのような操作が必要か。それがことば遊びのルールである。

「ことば遊び」では、「日常レベルでのことばの機能」や「実用的な機能」が否定されることが指摘される。そして、ことばを「音や意味を持つ一つの実体」、すなわち「記号」と捉えて、それを「解体・再構成して、別のイメージ生成の装置につくりかえる」ところにその機能をみようとしている。ここから田近が「ことば遊び」にどのような役割を見いだそうとしているのかがわかる。一つはことばを「記号」と捉えることでその日常性・実用性をはぎとることである。これによって、空気や水のように学習者にとってはふだんほとんど意識しない母語としてのことば（日本語）を相対化・対象化する視点を学習者が得ることになる。ことば遊びがふだん使っていることばを改めて見つめ直すという経験を生み出すのである。もう一つは、日常性や実用性をはぎとったあと、ことばそのものが田近のことばで言えば「イメージ生成の装置」となること、すなわちことば遊びが現実とは異なるもう一つのイメージ世界をことばで創造する装置になるということである。このことは、逆に言えば、田近が「何かが〝言えた〟（思わぬ結果を得た）」と述べるように、人間の意志・意図を超えたところに言語の機能を見ようとする点で、伝達の機能を中心とする通常の言語観の変革をも伴うものであった。

では、この時期、どのようなことば遊びの詩が創作されていたのであろうか。田近の著書から紹介してみよう。（注9）

韻を踏むうた

韻を踏むうたとは

「たねまきましたね／めがでましたね／水をあげましたね／葉が出ましたね」や「かえる　食べる」

注8　注5に同じ。一二三頁
注9　注5に同じ。一二四・一二五頁

／かえる｜　太る｜／かえる｜　やめる｜／かえる｜　なげる｜／かえる｜　こける｜／かえる｜　帰る｜」（いずれも児童の作品）のように、同音のことばや文字を、行の終わりにくり返し使用するうたである。

作り方

「たねまきましたね｜」のように、同じ音が出てくることばにはどういうものがあるか、それがどのようなところに現れるかに気づかせるのがポイントである。

① 既成の作品を味わう。（例「すり」谷川俊太郎『ことばあそびうた』福音館）
② 作品のおもしろさや、作者の工夫している点などについて話し合う。
③ 韻を踏むうたを作る。
④ 発表しあって楽しむ。

作品例

とり（小二）

ことり
にわとり
おながどり

みどり
きみどり

あおみどり

かとり
むしとり
ねずみとり

ます（小五）

朝になります
おきます
ますつりに行きます
ますがつれます
ますますつれます
ますがましします
ますに入れてますをはかります
日がくれます
もう帰ります
終わります

谷川俊太郎の『ことばあそびうた』を参考にしながら、韻を踏むことで調子のよい（リズムのある）ことば遊びの詩が創作されている。どちらの作品も、韻を踏まれているものの内容的にはまったくのナンセンスであり、韻を踏むという条件によって、書き手にとっても思いがけない意味的つながりがうまれ、結果的に書き手の意図をこえたユーモアを感じさせる作品に仕上がっている。

と同時に、こうしたことば遊びの詩のもつ特性として、先に田近の発言を引用した段階では触れられていない点があった。それは、作品が「実名性」を失っている点である。逆に言えば「匿名性」を特徴としている点である。これは、ことば遊びの詩というジャンルがそもそももっている特徴でもある。谷川俊太郎は、実作経験をふりかえり、こうした特徴を次のように述べている。(注10)

これ（引用者注　ことば遊びの創作）は予想したよりもはるかに困難な、しかし同時にはるかに楽しい仕事になった。困難は音韻を行の頭や尻で合わせるだけでは足りず、もっと多量に踏む必要があり、しかも私が耳からの伝達と、子どもにも楽しめるものをねらったことからくる語彙の制約にあった。だがその困難は言ってみれば、手仕事をする工人の感ずる木や土などの素材のもつ抵抗感に似たところがあるように思われ、自己表現やなまじの恣意を許さぬその手ごたえが逆に私につくる喜びをもたらした。出来上がった作品は私の作品と言うより、日本語の作品と言ったほうがいいような一種の無名性をもっていて、人にそれを音読して聞かせても、私はふだんとちがってほとんどてれくささを感じないですんだ。私はいわば初めて自由詩ならぬ不自由詩を書いたことになるが、そこで私はかえってずっと自由だった。（傍線引用者）

谷川はことば遊びの詩の創作における「匿名性」の問題を「一種の無名性」という表現で指摘している。

とくに「私の作品と言うより、日本語の作品と言ったほうがいい」とさえ述べている点は、ことば遊びの詩が個人の思想（考え）を追求し表現するものではなく「言語」そのものの内部で戯れることを志向するものであることをよく示している。ことば遊びの詩が、こうした「匿名性・無名性」をもつことは、国語教育の世界にあっては創作指導にかぎらず書くことの指導全般にとって、大きな意識改革を迫るものであった。

そして、創作における「匿名性・無名性」は、創作における「場」をも改革することになった。谷川俊太郎は自らの子どものころのことば遊びやわらべうたの経験をふりかえって、次のように述べている。(注11)

（引用者注　昔の子どもたちが自然に楽しんでいた「ことば遊び」や「わらべうた」などの）例をあげればきりがない。そのような言葉の一群を、私たちは主として学校の外で口承によって覚えた。それらは印刷され、読まれ、教えられる言葉とは全くちがう言葉であり、動作や感情や遊びの場と切り離すことができぬからこそ、余計に日々の現実生活の中で言葉として生きていたと言えるだろう。私たち自身も、子どもは子どもなりに自分の言葉、自分の表現というものをもっていたと思うけれど、これらの言葉はそれともちがういわば共同体の言葉であって、まるで呪文のように私たちの心をひとつにむすびつけた。（傍線引用者）

谷川にとって、ことば遊びやわらべうたは、「学校の外で口承によって覚えた」ことばであった。そうした言葉は「動作や感情や遊びの場」と切り離すことができない言葉であったという。そして、そうしたこ

注10　谷川俊太郎『ことばを中心に』（草思社　一九八五年）二三七・二三八頁
注11　注10に同じ。二三三頁

とばの特徴は「（子どもたちの心を呪文のように結び付ける）共同体の言葉」であるところにあったという。ここからわかるのは、ことば遊びやわらべうたは、学校という管理された場で効率的に教え込まれるようなものではなく、遊びの場で子ども同士の心と体を結び付けるような「祝祭性・非日常性」をもつものであったということである。逆に言えば、ことば遊びやわらべうたによって、子どもたちの「場」に「祝祭性・非日常性」が生まれるということである。

このように、子どもの創作表現に「匿名性・無名性」が生まれたり、子どもどうしの表現が交流される場に「祝祭性・非日常性」が生まれたりする点は、先に引用した田近の言葉でいう「これまでの教育の枠からはみ出る矛盾」であると言える。一九八〇年代までの詩の創作指導は、児童自由詩であれ、児童生活詩であれ、主体的児童詩であれ、あくまで「個の表現」、個人の内面（感動）を追求するような創作を求めてきた。しかし、ことば遊びではそうした「個の表現」ではなく「場の表現」が求められることになった。個人の感動よりも集団での感動がそこでは求められることになったのであった。

その意味で、「ことば遊び」という詩の創作は、これまで述べたように、たんにその子どもがどのような作品を創作したのかだけでなく、どのような場でどのように創作されたのかがきわめて重要である。そこでは、個の表現というレベルよりも、集団でどう楽しむのかという視点が大切であり、ことば遊びをしている「場」で起こる「祝祭性・非日常性」にこそ創作行為の意味がある。「韻を踏むうた」でいえば、「作り方」における①や②で既成の作品に学ぶ段階、③で実際に創る段階、そして④の交流する段階のすべてのプロセスや活動が創作学習としての意味がある。作品「とり」や「ます」からは、子どもたちが語句の音声的な特徴に注目しながらことばによるナンセンスな世界を楽しんでいるようすが鮮やかに目に浮かんでくる。

この他にもこのような指導事例がある。(注12)

つみあげうた（きりなしうた）

つみあげうたとは

となえことばのように、ことばをつみあげていくことで、長く終わりのないうたを作っていくものである。どこまでも続いて、きりがないことから、きりなしうたともいう。

作り方

このうたの特徴は、「これは」ではじまり名詞で終わることである。あとは、次々にことばをつみ重ねていくだけで、ふだん長い文を書けない子も長く書くことができる。

①まず「これは」に続く部分（A）を考える。

例　これは、僕のかⒶっている犬

②おしまいのことばに続く部分（B）を考える。

例　――――――犬が好Ⓑきなクッキー

③つなげて言ってみよう。

例　これは、僕のかっている犬が好きなクッキー

（あとは②③のくり返し）

注12　注5に同じ。一三七～一三九頁

作品例

これは買ったばかりのくつ　　（小四）
○これは買ったばかりのくつをふんだ足
○これは買ったばかりのくつをふんだ足をけってねんざさせた人
○これは買ったばかりのくつをふんだ足をけってねんざさせた人といっしょに行った接骨院
○これは買ったばかりのくつをふんだ足をけってねんざさせた人といっしょに行った接骨院の先生を好きな女の人
○これは買ったばかりのくつをふんだ足をけってねんざさせた人といっしょに行った接骨院の先生を好きな女の人がよく行っているパーマやさん（以下略）

これはぼくのりんご　　（小二）
○これはぼくのりんごをかじったねずみ
○これはぼくのりんごをかじったねずみをつかまえたねこ
○これはぼくのりんごをかじったねずみをつかまえたねこのしっぽをふんづけた犬
○これはぼくのりんごをかじったねずみをつかまえたねこのしっぽをふんづけた犬がくわえてきたぼう（以下略）

この作品は、まさにことばがことばを生み出すような創作活動であったことがわかる。次々のつながっていくことばは、日本語の文法が意志をもって文法自身の力で展開しているようである。ここにはまるで日常性や実用性をはぎとられた日本語たち自身が楽しそうに遊んでいるような姿がある。

さらには、文字に注目したこんなことば遊びもある。(注13)

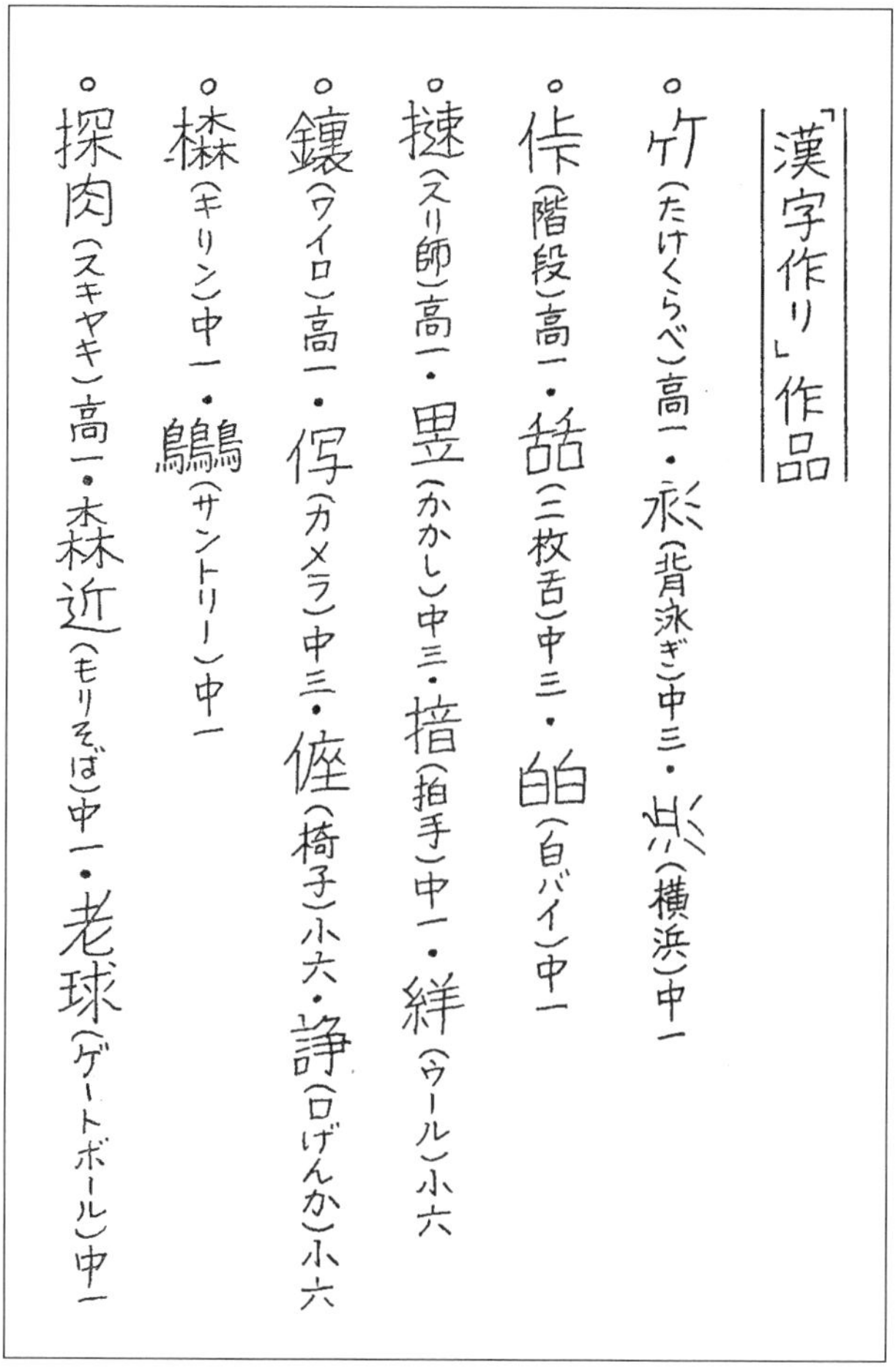

注13　注5に同じ。二一四頁

ここに掲載された漢字はどれも辞書には載っていないもの、すなわち新しく創作されたものである。漢字がもつ特性である「へん」と「つくり」、「音」や「意味」などに注目しながら、文字（漢字）による新しい世界が創造性豊かに拓かれている。

ところで、一九八〇年代は、全国規模ではこうした「ことば遊び」の登場に大きな特徴があったわけだが、「ことば遊び」の創作で注目されるそれ以外の著書には、鈴木清隆『ことば遊び、五十の授業』（太郎次郎社　一九八四年）がある。鈴木が示す「ことば遊び」のバリエーションは豊かで、教室で大いに活用されたことが推察される。

その一方で、一九七〇年代の主体的児童詩教育から分かれて東京、名古屋、大阪の地でそれぞれ雑誌を母体に児童詩教育を展開していたいわゆる「第三の世界」の児童詩教育では、まとまった著作の刊行はなく、それぞれの雑誌をベースに地道な研究活動を続けていた。また、松本利昭も個人で小規模ながら児童詩の雑誌を発行することで活動を継続していた。

また、同時期、戦前からの児童詩教育の伝統をもつ指導者たちは、日本作文の会という全国規模の団体を母体に雑誌「作文と教育」を継続的に発行していたが、それに加えて、戦前・戦後の児童詩教育の成果をまとめるような規模の大きな出版を相次いで行った。一つは『〇年生の児童詩教育（小一～六年・中学）』（日本作文の会　百合出版　一九八〇～八一年）である。これは小学校一年生から六年生、および中学生の児童詩教育を全七冊で系統的にまとめた著作であった。児童詩教育における子どもの発達段階をふまえながら、子どもにどのように詩を創作させていくかについて、指導法や実践記録が収められている。

もうひとつは、戦前から戦後の児童詩教育の歴史を都道府県別にまとめた『日本の子どもの詩（全四七巻）』（日本作文の会　岩崎書店　一九八〇～八五年）という大著である。四七の都道府県別に戦前からの児童詩作品を集め、それを時系列に編集してそれぞれ一冊にまとめるという、きわめて貴重で歴史的価値の高い刊行物であった。その意味では、戦後において日本作文の会が主導的な役割を担ってきた児童生活詩教育が、この時期に戦前からのそれまでの成果を総括しようとしていたといえる。

そして、全国的に大きな反響があり、教育界からだけなく一般の多くの読者を得たものとして、灰谷健次郎『たいようのおなら』（サンリード　一九八〇年）、鹿島和夫『一年一組せんせいあのね』（理論社　一九八一年）、鹿島和夫『続一年一組せんせいあのね』（理論社　一九八四年）があった。灰谷健次郎は小学校教諭として竹中郁らの雑誌「きりん」に学びながら児童詩教育に取り組み、鹿島和夫はその後そうした灰谷に見いだされた小学校教員であった。彼らが指導して生まれた児童詩は、現在もなお魅力あるものであるが、本書ではその紹介にとどめ、検討は他日を期すこととしたい。

(3)　一九九〇～二〇〇〇年代の児童詩教育（「第三の世界」の児童詩の展開、他）

一九九〇年代になると、一九七〇年代に主体的児童詩教育から分かれた「第三の世界」の児童詩教育に取り組んできた指導者たちから注目すべき成果が次々と出された。

大阪児童詩の会の山際鈴子は、次に示す三冊の児童詩教育の成果を刊行した。

山際鈴子『かぎりなく子どもの心に近づきたくて』（教育出版センター　一九九〇年）
山際鈴子『かぎりなく子どもの心に近づきたくてⅡ』（教育出版センター　一九九五年）
山際鈴子『かぎりなく子どもの心に近づきたくてⅢ』（銀の鈴社　一九九九年）

また、名古屋の児童詩教育研究会の中心的なメンバーの一人であった白谷明美（福岡県在住）は、次に示す三冊の児童詩教育の成果を刊行した。

白谷明美『子ども・詩の国探検』（教育出版センター　一九九六年）

白谷明美『詩の国は　白い馬にのって』（教育出版センター　二〇〇〇年）

白谷明美『詩が生まれるとき　書けるとき』（教育出版センター　二〇〇九年）

さらに、西郷文芸学に学んだ岡原和博も、ことば遊びを含む詩教育において注目すべき実践を行い、次に示す私家版でその成果を発表した。「ことば遊び」に特化した創作指導としては、向井吉人が次の二冊の成果を刊行した。

岡原和博『児童詩教育の方法　―想像力・認識力を育てる―』（自家製版　一九八九年）

向井吉人『素敵にことば遊び』（學藝書林　一九八九年）

向井吉人『ことば遊びの授業づくり』（明治図書　一九九六年）

この時期は、小学校の国語教科書における「ことば遊び」にも注目すべき点があった。小学校の国語教科書において「ことば遊び」そのものは、低学年の読み教材として、八〇年代から取り入れられていた。しかし、創作教材として取り入れられ始めたのは一九九〇年以降であった。もっとも特徴的なのが平成一四年度版の教育出版の小学校国語教科書であった。この教科書では、次に示すように一年から六年まで、下巻のすべてにオーソドックスな児童詩の創作単元が設定されているのに加えて、上巻の二年から五年までに「ことば遊び」の創作単元が学年発達をふまえて設定されていた。

一年　上　（なし）　下　かんじたことを

二年　上　「ことばのかいだん」を作ろう　下　見つけたことを

三年　上　「音まねことば」であそぼう　下　発見したことを

四年　上　「名前うた」を作ろう　　　　　　　下　新しい目で
五年　上　「漢字クイズ」を作ろう　　　　　　下　季節の中で
六年　上　（なし）　　　　　　　　　　　　　下　自分を見つめて

教科書教材として位置づけられたことは、創作活動としての「ことば遊び」がこの時期に全国的なレベルでの一定の評価を得たことを示す事実として注目される。

この他、児童詩ではなく「俳句」の創作指導において多くの成果が発表されたのもこの時期の特徴である。ただ、この時期に「俳句」の創作指導に注目が集まったというのは決して偶然ではないように思われる。それは、「ことば遊び」のもつ特徴と「俳句」がもつ特徴に共通性がみられるからである。「俳句」では「俳号」を名のって創作することがあるが、これは実作者を伏せること、すなわち「ことば遊び」のもつ「匿名性」と一脈通じるところがある。こうした「俳句」の特性は、作品の評価において、実作者個人に対してではなく、あくまで言葉の表現そのものを評価対象にすることに寄与している。また、俳句においては「座」と呼ばれる「共同体」が創作活動の「祝祭性・非日常性」を生み出す「場」になっている点も、「ことば遊び」と通底するものがある。こうした背景もあってか、現行（平成二七年度版）の小学校国語教科書においても、三社（教出・東書・三省）が高学年に「句会」を教材化している。なお、「俳句」も「詩」も同じ詩歌ではあるが、創作指導としての歴史やそれぞれの教材性のポイントに異なる点があるため、詳細な検討は他日に譲ることとしたい。

次に示すのが「俳句」の創作指導に関する代表的なものである。

藤井圀彦『俳句の授業・俳句の技法　―どう教え、どう作るか―』（明治図書　一九九八年）
坪内稔典『坪内稔典の俳句の授業』（黎明書房　一九九九年）

夏井いつき『子供たちはいかにして俳句と出会ったか』（創風社出版　二〇〇〇年）

三氏はこれ以降もいくつかの創作指導に関する成果を刊行している。

さて、ここに紹介した一九九〇年代から二〇〇〇年代の児童詩教育に関する注目すべき文献にみられる創作指導の詳細については、第二章において教材編成の提案の際に適宜引用した通りである。

以上、一九二〇年代から二〇〇〇年代までの児童詩教育の歴史について、現代における詩の教材性を検討するうえでターニングポイントになった一九六〇年代の著述を詳しく検討しながら概観してきた。

これまでをさらに簡単にまとめてみる。わが国の児童詩教育は、大正期に創刊された雑誌「赤い鳥」にルーツをもち、一九二〇年代の童謡や児童自由詩では自然風景を主な題材としながら、感覚を鋭く豊かに働かせながら対象を写生するという方法をとることで芸術的な構成の美を追求した。その後、一九四〇年代の児童生活詩では、感動のもととなった社会や生活の事実を丁寧かつリアルに描き出すことやその事実についての思いや考えを述べることを重視することで、生活や人間（自分）を見つめる力を育てようとした。そして、一九六〇年代の主体的児童詩においては、感動に基づく自由な連想や創造を駆使しながら新しいイメージ世界を追求し創造させることで主体的な生き方をつかまえさせることを目指した。

しかし、もともとこれらの児童詩がもつ特徴はそれぞれに背反し合うものというよりは、児童詩教育の世界を広げ深めるものとして総合的にとらえられるべきものであった。しかし、一九六〇年代にも稲村謙一がそうした総合化の立場をとったものの、残念ながら彼の主張や提案が日本の児童詩教育界において広がっていくことはなかった。その後、一九七〇年代にはこの稲村謙一の立場を引き継ぐようにして弥吉菅一のいう「第三の世界」（児童詩観の対立を統合・止揚する立場）の児童詩教育に取り組む指導者たちが現れ、全国各地の研究会で小規模ながら批判的・発展的に新しい児童詩教育を模索していった。それらの成果は山際鈴子や白谷明美らによって一九九〇年代から二〇〇〇年代に開花した。

また、一九八〇年代以降は児童詩教育を通史的に語ることが難しくなった。それは現代詩にもいえることであって、現代詩の領域も児童詩教育の領域も、ともに混沌のなかで進むべき道を模索していた。そんな時期、児童詩教育界に彗星のように現れたのが「ことば遊び」であった。谷川俊太郎やまど・みちおらの作品をきっかけに、教科書はもちろん全国各地の国語教室で「ことば遊び」が取り入れられ実践されていった。

さらに、二〇〇〇年代に入ってからは、「ことば遊び」に加えて「俳句」の創作指導においても注目すべき成果があった。一九八〇年代以降のこうした動きは、詩歌の創作指導にとって、身体性や共同体の回復・再生を伴う「ことば」そのものへの志向、および詩歌が本来もつべき特徴の一つである「定型」への回帰といった特徴をもつものとも考えられる。

以上、児童詩教育の歴史を概観してきたわけだが、これをふまえて今後を予想するとすれば、児童詩とその教育という存在が学校教育のなかでどのような位置が得られるか、はなはだ不透明な点は多い。児童詩というものがその名称としても存在としても衰退・消滅の道をたどる可能性も否定できない。しかし、そうした悲観的な見方ができる一方で、立ち止まって考えてみると、わたしたち人間には、詩歌を通してポエジーを追い求めてやまない存在である点に一つの本質がある。いつかきっと、ここでないどこかへ、これでない何かへを志向する心は、いつの時代であっても人間をとらえて離さない。日常性・実用性・生産性・効率性のみに人は生きられないからである。

その意味で、ポエジーを具現化する詩歌が、今後、どのように「かたち」や「すがた」を変えていくか。そして、そのとき、子どもにとっての詩歌やポエジーはどこにどのように存在しているか。それを、私たち指導者は丁寧に見極めていく必要がある。詩の教育としてこうした問題をどう受け止めて魅力ある学習指導を展開していくかということは、今後もけっして決着をみることのない、終わりのない課題である。

後注

注4　主体的児童詩教育の運動、および分裂後の各地の展開について、母体となった雑誌を中心に調査・分析した基礎的研究に次のものがある。

児玉忠「主体的児童詩教育誌に関する調査研究」

（全国大学国語教育学会編「国語科教育　第四十四号」一九九七年三月）

児玉忠「主体的児童詩教育の雑誌に関する調査研究（2）」

（大阪教育大学国語教育研究室編「国語教育学研究誌　第二十号」一九九九年三月）

児玉忠「戦後児童詩教育史に関する基礎研究　――雑誌「現代児童詩」を中心に――」

（「野地潤家先生傘寿記念論集」二〇〇〇年一一月）

児玉忠「主体的児童詩教育の雑誌に関する調査研究　――雑誌「子どもの詩」を中心に――」

（大阪教育大学国語教育学会編「国語と教育　第24号」一九九九年三月）

児玉忠「『大阪児童詩の会』の歩みとその意義　――雑誌「詩と教育」所収の「共同実践報告」を中心に――」

（児玉忠・大阪児童詩の会『見つめる力・発見する力を育てる児童詩の授業』銀の鈴社　二〇一一年）

付録　児童詩教育史文献年表

わが国の児童詩教育の歴史を年表の形でまとめている先行研究の一つに、弥吉菅一による『日本の児童詩の歴史的展望』（少年写真新聞社　一九六五）がある。この研究では、一八六八（明治元）年から一九六四（昭和三九）年まで約一〇〇年間にもわたるわが国の児童詩教育の歴史（文献など）が年表として詳細にまとめられている。その後この『日本の児童詩の歴史的展望』は一九六九年の改訂版で、一九六五（昭和四〇）年から一九六八（昭和四三）年までの四年分の年表が追加された。また、日本作文の会が編集した『児童詩教育事典』（百合出版　一九七〇）でも同じように一九六八（明治元）年から一九七〇（昭和四五）年までの児童詩教育の歴史が年表にまとめられている。

さらに、渋谷清視は『にっぽん子どもの詩　下　子どもの詩を育てた人びと』（あゆみ出版　一九八四年）で、一九一八（大正七）年から一九八三（昭和五八）年までの児童詩教育史を年表にまとめている。その後、児玉忠は大阪児童詩の会との共著『見つめる力・発見する力を育てる児童詩の授業』（銀の鈴社　二〇一一年）で、一九六五（昭和四〇）年から二〇一〇（平成二二）年までの児童詩教育年表をまとめている。

本書では、これらの研究のあとを受ける形で、本書でとくに注目した一九六〇年代以降の児童詩教育史、すなわち、一九六〇（昭和三五）年から二〇一〇（平成二二）年までの児童詩教育の歴史を文献年表の形で提示してみたい。なかでも、この期間に著書として出版された児童詩教育に関する主要な書籍に限って取り上げることとする。その際、一九八〇年代以降、教育現場に多く取り入れられてきた「ことば遊び」の学習指導に関する書籍も児童詩教育に関する文献の一部と位置づけ、あわせてこの文献年表のなかに提示することとする。

一九五五（昭和三〇）年
木下夕爾　『児童詩集』　木靴発行所

一九五八（昭和三三）年
日本作文の会　『生活綴方事典』　明治図書出版

一九六〇（昭和三五）年
「詩の手帳」編集部編　『日本児童詩年鑑　一九六〇年版』　少年写真新聞社
国分一太郎　『日本の児童詩』　百合出版

一九六一（昭和三六）年
吉田瑞穂　『児童詩はどう発展してきたか』　少年写真新聞社
「詩の手帳」編集部編　『日本児童詩年鑑　一九六一年版』　少年写真新聞社

一九六二（昭和三七）年
吉田瑞穂　『よい詩を作るくふう』　さ・え・ら書房
日本作文の会編　『詩をかく子ら　1年生』（〜6年生）　小峰書店
松本利昭　『あたらしい児童詩をもとめて』　少年写真新聞社
松本利昭　『私家版／児童詩論』　少年写真新聞社

一九六三（昭和三八）年
日本児童詩教育研究所編　『子どもの詩の画廊』　少年写真新聞社

稲村謙一　『詩でそだつ子ども』　少年写真新聞社

一九六四（昭和三九）年
足立巻一　『詩のアルバム』　理論社
朝日新聞社編　『小さな目　1ねん・2ねん』（3ねん・4ねん、5ねん・6ねん）　あかね書房
しばたのぶお　『児童詩教育の方法』　牧書店
江口季好　『児童詩の授業』　明治図書出版
岡本　潤　『こどもの詩が世界を変える』　少年写真新聞社
阪本一郎　『人格形成と児童詩の心理』　少年写真新聞社
松本利昭　『たのしい詩のかきかた「たいなあ方式」たいなあでかこう』　少年写真新聞社

一九六五（昭和四〇）年
滑川道夫　『子どもの詩の教室』　あすなろ書房
灰谷健次郎　『せんせいけらいになれ』　理論社
弥吉菅一　『日本の児童詩の歴史的展望』　少年写真新聞社

一九六六（昭和四一）年
吉田瑞穂　『児童詩の見かたと指導法』　新光閣書店
滑川道夫／柳内達雄／吉田瑞穂編　『日本子ども詩集　一年生』（～六年生）　国土社

一九六七（昭和四二）年
松本利昭　『こどもにポエジイをつかませよう』　少年写真新聞社

松本利昭　『生命の欲求をもえたたせよう』　少年写真新聞社
松本利昭　『こどもの詩の探検』　少年写真新聞社
松本利昭　『こどもの欲望を掘りおこそう』　少年写真新聞社
高橋武彦　『児童詩熱血漢物語』　少年写真新聞社

一九六八（昭和四三）年
江口季好　『児童詩教育入門』　百合出版
神田　亮　『中学生の詩の指導』　新光閣書店
稲村謙一　『こどもの詩の見かた』　少年写真新聞社

一九六九（昭和四四）年
渋谷清視　『にっぽん子どもの詩』　鳩の森書房
山本和夫　『子どものつくる詩』　千代田書房
吉田瑞穂編著　『小学生詩の本　六年生』（一年生〜）　小峰書店　※全6巻刊行、〜76年まで。

一九七〇（昭和四五）年
日本作文の会編　『児童詩教育事典』　百合出版
深沢義旻　『児童詩誕生』　明治図書出版
永易　実　『児童詩を育てる授業』　国土社
野口茂夫　『新しい児童詩教室』　新評論
稲村謙一　『児童詩の鑑賞指導と創作指導』　教育出版

一九七一（昭和四六）年
江口季好、寒川道夫編　『日本児童詩集　上』（〜下）　太平出版社
日本児童詩教育研究所編　『詩の行列・一年生』（〜六年生）　少年写真新聞社

一九七二（昭和四七）年
現代児童詩研究会、大阪児童詩の会　『現代子ども詩集』　鳩の森書房
渋谷清視等編　『こども詩の学校』　金の星社
岡本博文　『児童詩教育と学級経営』　国土社
巽　聖歌　『小学生みんなの詩の本』　あかね書房
野口茂夫　『児童詩教育の原点』　新評論
日本作文の会編　『一年生の詩の教室』（〜六年生）　あすなろ書房
日本作文の会編　『一年生の詩』（〜六年生）　あすなろ書房

一九七三（昭和四八）年
松本利昭　『児童詩の未来像』　少年写真新聞社
竹中　郁　『子どもの言いぶん』　ＰＨＰ研究所
畑島喜久生　『子どもの詩の書かせかた　小学1・2・3年』（〜小学4・5・6年）　鳩の森書房　※全2巻刊行、〜75年まで。

一九七四（昭和四九）年
綿田三郎　『児童詩を育てて三十年』　新評論
金井　直　『子どもの詩』　社会思想社

一九七五（昭和五〇）年

沢村光博　『詩で育つ子どもたち』　合同出版

石田佐久馬編著　『詩の鑑賞・創作指導』　東洋館出版社

一九七六（昭和五一）年

山口　宏　『魂の原野このよきものを』　炮氓社

一九七七（昭和五二）年

日本作文の会編　『忘れえぬ児童詩　上』（〜下）　民衆社

畑島喜久生　『これからの児童詩教育』　みずうみ書房

江口季好　『児童詩の探求』　民衆社

松本利昭　『詩のかきかたの秘密』　松本書店

弥吉菅一編　『新しい詩の創作指導』　明治図書出版

やないゆきこ著／三上敏夫編著　『はっぱのふえ』　一光社

一九七八（昭和五三）年

日本児童詩教育研究所編　『主体的児童詩教育の理論と方法』　明治図書出版

岡本博文　『生きた児童詩教育』　新評論

大野英子　『詩の生まれる日』　民衆社

一九七九（昭和五四）年

畑島喜久生、吉田定一　『詩がすきになる本　1年生』（〜3年生）　ポプラ社

松本利昭　『詩の知しきの秘密』　松本書店
寒川道夫　『児童詩教育論』　あゆみ出版
足立巻一　『子ども詩人たち』　理論社
山際鈴子　『児童詩の世界』　くろしお出版
入江道雄　『児童生活詩形成史　上』（～下）　あゆみ出版　※全2巻刊行、～80年まで。

一九八〇（昭和五五）年

日本作文の会編　『日本の子どもの詩』（全47巻）　岩崎書店　※全47巻刊行、～85年まで。
日本作文の会編　『6年生の児童詩教育』（1年生～）　百合出版　※全6巻刊行、～81年まで。
日本作文の会編　『中学生の児童詩教育』　百合出版
日本作文の会編　『私の好きな児童詩　上』（～下）　民衆社
灰谷健次郎ほか編　『たいようのおなら』　サンリード
金井　直　『子どもの詩』　偕成社
桜井勝美　『子どもの詩の原野へ』　宝文館出版
北林　正　『詩のわかる授業』　飯塚書店

一九八一（昭和五六）年

鹿島和夫編　『一年一組せんせいあのね』　理論社
仲野　猛編著　『どろんこのうた』　合同出版
金井　直編著　『詩をつくろう1年生』（～6年生）　小峰書店
宮城県連合小学校教育研究会国語研究部編著　『表現力を育てる詩の指導』　明治図書出版
佐々井秀緒　『生活綴方生成史』　あゆみ出版

永易　実　『詩を書かせる授業』　あすなろ書房

一九八二（昭和五七）年

稲村謙一　『児童詩教育とともに』　教育出版

広野昭甫　『学習意欲を高めることば遊びの指導』　教育出版

伊勢田史郎、各務豊和編　『おもかじいっぱあい』　現代創造社

一九八三（昭和五八）年

金井　直編著　『ぼくの詩わたしの詩　1年生』（〜6年生）　偕成社

一九八四（昭和五九）年

日本詩教育研究所編　『詩の図書館　1』（〜6）　少年写真新聞社

鹿島和夫編　『続一年一組せんせいあのね』　理論社

中山嘉子　『子ども達に創造の喜びを』　明治図書出版

日本作文の会編　『やさしい児童詩の授業　1年生』（〜6年生）　あすなろ書房

朝日新聞西部本社編　『小さな目　低学年』（中学年、高学年）　あらき書店

京都市つづり方の会編　『ぼくの書いた詩だのに』　あゆみ出版

渋谷清視　『にっぽん子どもの詩』（全2巻）　あゆみ出版

高丸茂登子　『ひびき合う教室の詩　上』（〜下）　大阪恵雨会

田近洵一・ことばと教育の会編　『教室のことば遊び』　教育出版

鈴木清隆　『ことば遊び、五十の授業』　太郎次郎社

一九八五（昭和六〇）年

伊東信夫『ひらがなあそびの授業』太郎次郎社

一九八六（昭和六一）年

弥吉菅一編著『子どもポエムの展開史』教育出版センター
吉田瑞穂ほか編『詩のランドセル　1ねん』（～6ねん）らくだ出版
川崎　洋『子どもの詩』花神社
灰谷健次郎編『子どもの詩が生まれた』理論社
灰谷健次郎編『続・子どもの詩が生まれた』理論社
灰谷健次郎編『続・続　子どもの詩が生まれた』理論社
鹿島和夫『みんな、たからもの』講談社

一九八七（昭和六二）年

三上敏夫『子どもと詩』大月書店
鹿島和夫著／小学一年生編集部編『1ねん1くみダックス先生』小学館

一九八八（昭和六三）年

江口季好『児童詩教育のすすめ』百合出版

一九八九（平成元）年

大阪児童詩の会編『しゃぼん玉は色をいっぱいつんでいる』ホープクリエイト
弥吉菅一『日本児童詩教育の歴史的研究』（全3巻）渓水社

岡本博文　『先生はいかんよ』　百合出版
サイロの会編　『牛の眼にぼくがうつっている』　教育出版
青木幹勇　『授業＝詩を書く　「風をつかまえて」』　国土社
岡原和博　『児童詩教育の方法』　自家製版
向井吉人　『素敵にことば遊び　子どもごころのリフレッシュ』　学芸書林
増田　実　『「赤い鳥」運動と茨城の子ども達』　筑波書林
広野昭甫　『続・ことば遊びの指導』　教育出版
『ひと』編集委員会編　『ことばあそびの授業』　太郎次郎社

一九九〇（平成二）年
日本作文の会編　『小学校低学年の児童詩教育』（中学年、高学年）　駒草出版
山際鈴子　『かぎりなく子どもの心に近づきたくて』　教育出版センター
藤崎勝己編著　『4年9組のたからもの』　筑摩書房
平野　彧　『どの子も書ける詩の指導』　東洋館出版社
仲野　猛編著　『どろんこのうた　続』　合同出版
津田八洲男　『きかん車の詩』　大月書店
川崎　洋　『子どもの詩　1985～1990』　花神社
白い国の詩　『北方の児童文集　青森編』（新潟、山形、福島、岩手、宮城）　東北電力　※全6巻刊行、～93年まで。
池田純一　『授業に使える言葉遊び1』（～9）　明治図書　※全9巻刊行、～91年まで。
川上　繁　『作文・日記・詩の書かせ方』　明治図書出版

一九九一（平成三）年

岡本博文『先生好きやで』百合出版
江口季好『詩情のある教室』エミール社
高知県児童詩研究会編『おーいっ、児童詩くん』高知新聞社
佐藤国雄『「山びこ」「山芋」』朝日新聞社
灰谷健次郎『子どもという巨人』労働旬報社
畑島喜久生『子どものことばと詩』現代児童詩研究会

一九九二（平成四）年

斎藤哲夫『児童詩　心の財産を求めて』近代文芸社
橋立悦子編著『こころのめ』教育出版センター

一九九三（平成五）年

日本作文の会編『詩だいすき　1年』（～2年）エミール社
橋立悦子編著『チチンプイプイ』教育出版センター
石毛拓郎『詩をつくろう』さ・え・ら書房
石田佐久馬『詩をつくってみよう』ポプラ社
木下　浩『「山芋」考』創童舎
規工川佑輔『少女詩人　海達公子の発掘』自家製版

一九九四（平成六）年

日本作文の会編『やさしい詩　1年生』（～6年生）百合出版

鹿島和夫編　『一年一組せんせいあのね　いまも』　理論社
鹿島和夫編　『一年一組せんせいあのね　それから』　理論社
橋立悦子編著／絵　『とことんじまんで自己紹介』　教育出版センター
北原白秋著／北原隆太郎、関口安義編　『自由詩のひらいた地平』　久山社
北原白秋編著／北原隆太郎、関口安義編　『白秋がえらんだ子どもの詩　児童詩の本』　久山社
北原白秋編著／北原隆太郎、関口安義編　『白秋がえらんだ子どもの詩　児童自由詩集成』　久山社
北原白秋編著／北原隆太郎、関口安義編　『白秋がえらんだ子どもの詩　日本幼児詩集』　久山社
南雲道雄　『大関松三郎の四季』　社会思想社
駒瀬銑吾　『スプーンの上にぼくが乗っていた』　風媒社
鈴木清隆　『「ことば遊び」で国語授業を楽しく』　明治図書出版

一九九五（平成七）年

畑島喜久生　『いまこそ子どもたちに詩を』　国土社
山際鈴子　『かぎりなく子どもの心に近づきたくて　パートⅡ』　教育出版センター
沢田省三　『子どもの詩が生まれるとき』　教育出版センター
日本童詩研究会編　『おかあさん』　理論社
日本童詩研究会編　『おとうさん』　理論社
橋立悦子編著／絵　『すっぽんぽんのプレゼント』　教育出版センター
橋立悦子編著／絵　『シジミガイのゆめ』　教育出版センター
橋立悦子編著／絵　『強さなんかいらない』　教育出版センター

矢口　栄　『子どもたちに贈りたい詩』　教育出版センター
鹿島和夫　『せんせいひみつやで』　法蔵館
鹿島和夫　『しあわせのおなら』　法蔵館

一九九六（平成八）年
高知県児童詩研究会編　『こどもはうたう　詩集やまもも20年』　高知新聞社
青木幹勇　『子どもが甦る詩と作文』　国土社
白谷明美　『子ども・詩の国探検』　教育出版センター
橋立悦子編著／絵　『おともだちみつけた』　教育出版センター
橋立悦子編著／絵　『どれくらいすき』　教育出版センター
橋立悦子編著／絵　『まゆげのびようたいそう』　教育出版センター
卯月啓子　『教室に広がる詩の世界』　東洋館出版社
長谷目源太　『児童詩〈小さな目〉の世界』　朝日新聞大分支局
鹿島和夫　『ダックス先生　最後の授業』　マガジンハウス
太郎良信　『「山芋」の真実』　教育史料出版会
仲野　猛　『小さな偉大な詩人たち』　合同出版
小海永二　『しの書き方おしえてよ　1・2年』（3・4年、5・6年）　KTC中央出版
向井吉人　『ことば遊びの授業づくり』　明治図書出版

一九九七（平成九）年
鹿島和夫編　『1ねん1くみ子ども詩の本』（全10巻）　理論社　※全10巻刊行、～99年まで。
江口季好　『子どもの詩を読む』　たかの書房

江口季好　『日本の児童表現史』　大月書店
岡本博文編　『詩のボクシング　ぼくらの本音』　百合出版
橋立悦子編著／絵　『かたちがわたしのおかあさん』　教育出版センター
香村克己編著　『子ども詩集　いい天気だ』　百合出版
畑島喜久生編　『中学生のための詩の創作』　国土社
灰谷健次郎、石川文洋　『しりたいねん』　倫書房
佐藤　浩　『さけぶ子　つぶやく子』　ぱるす出版
畑島喜久生　『北原白秋再発見』　リトル・ガリヴァー
野口茂夫　『北原白秋と児童自由詩運動』　興英文化社
田近洵一編　『詩・ことばあそびの授業』　国土社

一九九八（平成一〇）年
村里家信編著　『宇宙を翔る子ら』　自家製版
小野寺寛他　『詩のランドセル　東北篇』（全3巻）　らくだ出版
越智田一男他　『詩のランドセル　九州篇』（全3巻）　らくだ出版

一九九九（平成一一）年
山際鈴子　『かぎりなく子どもの心に近づきたくて　パートⅢ』　銀の鈴社
山本稔、仲谷富美夫、西川暢也　『「赤い鳥」６つの物語』　サンライズ出版

二〇〇〇（平成一二）年
日本作文の会編　『イラスト子どもユーモア詩集』（全5巻）　汐文社

江口季好編　『えんぴつでおしゃべり』　あゆみ出版
白谷明美　『詩の国は　白い馬にのって』　銀の鈴社
川崎　洋編　『こどもの詩』　文藝春秋

二〇〇一（平成一三）年
日本作文の会、子ども委員会編　『ココロの絵本』（全10巻）　大月書店
はとぶえ会　『はとぶえ50』　日本教育研究センター
江口季好編　『えんぴつでおしゃべり　子・ど・も・の・詩　2』　子どもと教育社
畑島喜久生　『弥吉菅一と児童詩教育』　リトル・ガリヴァー社
弥吉菅一　『大阪「赤い鳥」入選児童詩の探究』　関西児童文化史研究会
増田修治と子どもたち　『子供力！　詩を書くキッズ』　弓立社
増田修治　『話を聞いてよ、お父さん！　比べないでね、お母さん！』　主婦の友社

二〇〇二（平成一四）年
今宮信吾編著　『こころの展覧会』　桐書房
川崎　洋編　『あたまわるいけど学校がすき』　中央公論新社
増田修治　『笑って伸ばす子どもの力』　主婦の友社

二〇〇三（平成一五）年
川崎　洋編　『おひさまのかけら』　中央公論新社
村山士郎編著　『子どもと読みたい100の児童詩』　大月書店
工藤浩司　『詩の創作　「思い」を言葉にする5つの技法』　学事出版

増田修治編著　『ユーモア詩がクラスを変えた』　ルック

二〇〇四（平成一六）年
村山士郎編　『村山俊太郎　生活綴方と教師の仕事』　桐書房
白石範孝監修　『ことば遊びシリーズ』（全6巻）　学習研究社

二〇〇五（平成一七）年
江口季好ほか編　『新・詩のランドセル　1ねん』（〜6ねん）　らくだ出版

二〇〇六（平成一八）年
高知県児童詩研究会　『うたいつづけて　詩集やまもも30年』　高知新聞社
江口季好編　『子どもの詩から見えるもの1』（〜5）　駒草出版
大前　忍　『児童詩のすすめ』　本の泉社
工藤直子編著　『子どもがつくる　のはらうた①』　童話屋
増田修治編著　『ユーモア詩がクラスを変えた　パート2』　ルック

二〇〇七（平成一九）年
工藤直子編著　『子どもがつくる　のはらうた②』　童話屋
増田修治　『どうする？　ことばで伝え合う学級づくり』　教育開発研究所
吉永幸司　『日本語の力がのびることばあそび1』（〜5）　ポプラ社

二〇〇八（平成二〇）年

工藤直子編著　『子どもがつくる　のはらうた③』　童話屋
江口季好編　『日本児童詩歳時記』　駒草出版
卯月啓子　『詩と遊ぶ1年生』（〜6年生）　東洋館出版社
高丸もと子、牧恵子著／水内喜久雄編　『教室で詩を楽しむ30のアイデア　104の詩』　たんぽぽ出版
田近洵一監修　『ことば遊びの王様1』（〜6）　岩崎書店

二〇〇九（平成二一）年

菅　邦男　『「赤い鳥」と生活綴方教育』　風間書房
村山士郎編著　『聞いてよ！　こころのつぶやきと叫び』　本の泉社
早崎郁朗　『とうさん、友だちできたかな』　弦書房
白谷明美　『詩が生まれるとき　書けるとき』　銀の鈴社

二〇一〇（平成二二）年

サイロの会編　『子どもの詩　サイロ—創刊50周年記念詩集』　響文社
今宮信吾　『ワッとわく　ことばの力をつける詩の授業』　フォーラムA
佐藤保子、今井成司編著　『楽しい児童詩の授業』　日本標準
近藤　真　『中学生のことばの授業』　太郎次郎社
長田　弘選　『202人の子どもたち　こどもの詩2004—2009』　中央公論新社

おわりに

私にとって本書は、単著としては二冊め、「詩」を取り上げた共著をも含めれば四冊めとなる著書である。

そして、私が学部の卒業論文に「稲村謙一の児童詩教育論」を取り上げた時点から数えてみると、かれこれもう三〇年ほどが経ったことになる。振り返ってみて、ずいぶんと長い間、「詩」と「教育」の問題に関わり、考え続けてきたと思う。けれども、それはけっして広くて真っ直ぐな道ではなくて、細くて曲がりくねった道であった。

母語教育としての国語教育は、もともと日常生活や社会生活で母語（日本語）を駆使する確かで豊かな言語能力を育成するところに主たる役割がある。その意味で、詩を日常的に取り上げたり毎日のように詩教育を行ったりするのはそもそも無理で不自然な行為である。それは、詩という存在が日常生活や社会生活ですぐに役立ったりつねに使いこなしたりするものではないからである。

では、詩を母語教育や学校教育で取り上げる必要はないのかというと、もちろん答えは否である。たしかに現在、グローバル化や少子高齢化などの影響によって、私たちは絶えず競争をあおられ、成果を急がされ、将来への漠然とした不安にさらされるなど、生きにくい時代を生きている。しかし、「役に立つかどうか」「効率的・効果的にことを成し遂げられるかどうか」などが価値基準だけの世界に人は生きられないからである。

たとえば、本書を手にしている読者の方々には、改めてものごとの本質やその意味を考えるような場面で、その答えがすぐには見えないところや隠れたところにあったという経験はなかっただろうか。また、今でないいつか、ここでないどこか、これでない何かに遠く心を向けることで、現状の閉塞感や行き詰まりを克服したり打破できたりした経験はなかっただろうか。私は、詩のもつ機能、ポエジーの本質は、たとえばこうした形で表れているのではないかと思っている。つまり、詩は、日常的・継続的に必要とされるものではないが、日常に立ち止まったり現状を突破しようとするここぞという時に、きわめて大きな力を発揮するのである。私自身もそのようにして、ときに詩によって目を開かれ、そして、救われてきた。

詩のもつ機能をこのように捉えるとき、その背後には言語をたんに伝達の手段として実体的・実用的に捉えるだけではなく、新しい世界やイメージを創造することを可能とする記号や虚構として捉える言語観が有効となる。「言語の教育」として国語教育を考えようとするなら、どのような言語観を背景にもつかについての確認や合意がきわめて大事になってくると私は思っている。本書がそうした点に関する一つの提案にもなれば幸いである。

本書の執筆にあたっては、多くの人の支えをいただいた。とくに、稲村謙一先生、弥吉菅一先生、足立悦男先生、山際鈴子先生、白谷明美先生には、詩教育（児童詩教育）研究の理論と実践の面で本書を支える多大な学恩をいただいた。故人となった方も多いが、この場を借りて深く深くお礼を申し上げたい。その一方で、それ以外にもお世話になった多くの方々にご報告すべき私の児童詩教育史研究の成果について、本書では十分に取り上げられなかった。他日を期すこととしたい。

かつて、ある定例の研究会で、私が児童詩教育に関する研究発表をした際、ご指導くださっている野地潤家先生から「児童詩の読み方というものが日本ではまだ確立していない。それを考えてみてほしい」と直接にご助言いただいたことがあった。それは今も私に課された宿題になっている。もちろん、本書における私の提案がすぐさまそれに応える段階にはなっていないが、ここを手がかりに今後も検討と考察を重ねていきたい。

それ以外にも、本書には、それぞれの観点をもとにどうカリキュラムに具体化するか、それぞれの観点について発達特性に応じてどう教材化するかなど、残された課題はなお多い。今後、少しずつ取り組んでいきたい。

最後に、本書の刊行の機会を与えてくださった教育出版、また、本の編集に際してお世話くださった教育出版の玉井久美子さん、杤谷英美さんにお礼申し上げます。

二〇一七年　春　　児　玉　忠

初出一覧

コラム　現代児童詩を読む①――詩人の発想・子どもの発想――
原題「現代児童詩を読む(4)――詩人の発想・子どもの発想――」
（大阪児童詩の会編「詩と教育　No.20」一九九七年八月）
コラム　現代児童詩を読む②――創作における「感動」のありか――
原題「現代児童詩を読む(3)――創作における「感動」のありか――」
（大阪児童詩の会編「詩と教育　No.19」一九九六年八月）
コラム　現代児童詩を読む③――ことば遊びが「詩」になるとき――
原題「現代児童詩を読む(2)――ことば遊びが『詩』になるとき――」
（大阪児童詩の会編「詩と教育　No.18」一九九五年八月）
コラム　現代児童詩を読む④――「方言話者意識」の発達――
原題「現代児童詩を読む（7）――子どもの詩にみる方言話者意識――」
（大阪児童詩の会編「詩と教育　No.24」二〇〇一年八月）

その他の論考はすべて本書のための書き下ろしである。

虚構 28, 29, 30, 36, 80, 87, 89, 96, 127, 147
「きりん」299
空所（空白）96
空想 30, 236, 251, 283
「現代児童詩」278, 285
現代児童詩研究会 284
口語自由詩 168, 236, 252
「工程・綴り方」241
個性 56, 73, 96, 170, 171, 172, 187, 285
『ことばあそびうた』40, 168, 171, 174, 180, 285, 290, 291
『子どもがつくるのはらうた』30, 80, 87
コンプレックス 254, 256, 257, 262, 269

［サ］
座 301
作文 30, 66, 67, 79, 223, 248, 249
『サラダ記念日』80
視覚 45, 114, 184, 188, 189, 190, 197, 200, 237, 239, 243
思考 67, 118, 145, 246, 250, 263, 266, 276
視点 30, 58, 65, 73, 74, 78, 79, 80, 87, 88, 89, 155, 184, 284, 289, 294
「児童詩」278, 285
「児童詩教育」278
児童詩教育研究会 278, 284, 299
児童自由詩 38, 233, 235, 236, 241, 242, 252, 263, 294, 302
児童生活詩 38, 80, 87, 233, 241, 243, 244, 246, 247, 248, 249, 251, 263, 266, 267, 273, 275, 276, 294, 299, 302
「詩と教育」279, 285
「詩の手帖」278
「詩の手帳」248, 260, 278
写生 72, 73, 240, 302
自動記述法 250, 251, 254, 263
修辞 66, 67, 71, 74
シュールレアリズム（シュルレアリスム・超現実主義）13, 14, 248, 249, 250, 251, 252, 254, 259, 261, 263, 282
祝祭 170, 172, 178, 294, 301
主体的児童詩 233, 248, 254, 257, 258, 263, 267, 273, 274, 275, 276, 278, 279, 280, 281, 283, 284, 285, 294, 298, 299, 302, 304
常識 56, 71, 80, 92, 93, 96, 118, 164, 209, 251
象徴 68, 74, 136, 138, 139, 144, 145, 147, 237, 252
少年詩 18, 25, 37, 42, 44, 45, 80, 168, 285, 288
身体（肉体）169, 178, 204, 205, 285, 303
生活行動詩 39
生活指導 246, 257, 273
生活綴り方 36, 39, 232, 246, 275, 285, 320
想像 26, 29, 30, 36, 53, 56, 58, 74, 99, 112, 113, 114, 115, 116, 117, 118, 119, 120, 122, 125, 127, 128, 131, 153, 155, 204, 251, 254, 258, 260, 266, 267, 269, 281, 282, 283, 284, 300

［タ］
第三の世界 279, 280, 284, 285, 298, 299, 302
たいなあ詩 233, 253, 254, 276, 279
短歌 18, 19, 20, 38, 70, 72, 80, 168
津軽弁 222, 223, 228
「綴り方倶楽部」241
「綴り方生活」38, 241
定型 168, 236, 303
童謡 38, 39, 45, 168, 206, 207, 233, 235, 236, 252, 302

［ナ］
内在律 236
ナンセンス（ノンセンス）141, 172, 173, 177, 292, 295
日本作文の会 233, 298, 299, 305
日本文学協会 78
ニュアンス 188, 189, 217, 223
認識 30, 49, 52, 53, 56, 58, 61, 64, 65, 66, 67, 69, 71, 73, 74, 76, 79, 87, 89, 92, 95, 96, 97, 102, 104, 112, 113, 114, 115, 117, 153, 155, 183, 187, 192, 257, 267, 283, 284
『のはらうた』24, 25, 26, 27, 28, 30, 43, 80, 86, 87, 89

［ハ］
俳句 18, 19, 20, 38, 70, 71, 73, 168, 237, 301, 303
発想 53, 56, 58, 66, 67, 74, 76, 92, 95, 96, 97, 102, 104, 111, 116, 155, 213, 248, 249, 251, 267, 273, 275
パロディー 176, 186, 187
非日常 127, 170, 172, 178, 182, 294, 301
比喩 44, 49, 56, 58, 68, 69, 70, 74, 136, 137, 138, 139, 141, 142, 144, 145, 146, 147, 155, 186, 280
描写 156, 157, 267
ファンタジー 49, 147
フォルム 49, 74, 188, 192, 193, 197, 198, 200
プロレタリア文学 243
文語定型詩 168, 236, 252
分析批評 78
文法 56, 297
変形（歪形）117, 118, 119, 120, 122
方言 44, 49, 74, 204, 205, 208, 209, 210, 211, 212, 213, 214, 217, 222, 223, 225, 226, 227, 228, 229
ポエジー 13, 17, 187, 204, 279, 303
「北方教育」241

［マ］
無名性（匿名性）292, 293, 294, 301
文字 49, 56, 74, 155, 183, 184, 185, 188, 189, 190, 191, 192, 193, 196, 197, 198, 200, 290, 297, 298
モチーフ 44, 114, 269, 282
ものの見方（物の見方）53, 56, 61, 92, 93, 146, 283, 284

［ヤ］
ユーモア（ユーモラス）44, 49, 102, 113, 176, 196, 197, 209, 213, 216, 217, 224, 236, 292
欲望 254, 262, 263, 269

［ラ］
リアリティー（リアル）13, 17, 87, 115, 127, 223, 229, 240, 243, 246, 276, 302
リズム 38, 39, 41, 42, 68, 70, 74, 130, 131, 168, 170, 174, 177, 178, 180, 183, 185, 188, 192, 236, 291
連想 56, 58, 99, 112, 114, 118, 120, 122, 123, 125, 127, 128, 131, 138, 141, 145, 251, 282, 302

［ワ］
わたし（自己）29, 30, 35, 58, 78, 80, 86, 87, 170, 187, 286, 287, 292

人名索引

[ア]
足立悦男 59, 60, 61, 62, 63, 64, 69, 71, 73, 78, 79, 80, 277
阿毛久芳 138
A.ブルトン 250
飯島耕一 252
池上嘉彦 136, 137, 138
一戸謙三 218
稲村謙一 239, 240, 247, 249, 250, 251, 252, 259, 260, 261, 262, 263, 266, 269, 273, 274, 277, 302
伊奈かっぺい 220
井上尚美 66, 67
入沢康夫 68, 69, 72, 252
大江健三郎 60
大岡信 187, 251, 252
大塚常樹 188, 189
岡原和博 174, 176, 184, 196, 300
小野正弘 156

[カ]
鹿島和夫 299
ガストン・バシュラール 119
金子みすゞ 102, 104, 105
川崎洋 88, 89, 204, 205
神沢利子 133
菊永謙 44
岸田衿子 163
北川透 69, 70, 72
北原白秋 38, 168, 235, 236, 237, 238, 239, 240, 252
清岡卓行 252
草野心平 90
工藤直子 24, 25, 26, 27, 43, 80, 81, 86, 89
黒田三郎 93
駒瀬銑吾 278

[サ]
西郷竹彦 48, 74, 76, 78, 147, 300
阪田寛夫 21, 23, 90, 148, 165
佐藤信夫 65
寒川道夫 244
澤正宏 12, 13, 14
渋谷清視 233, 275, 276, 305
嶋岡晨 189, 190, 191, 192
島田陽子 201, 205, 206, 208, 209, 214, 222
白谷明美 53, 56, 58, 64, 74, 97, 125, 139, 151, 153, 154, 155, 278, 299, 300, 303
鈴木清隆 298
関根弘 252

[タ]
高木恭造 219
高丸もと子 46
竹中郁 299
田近洵一 286, 287, 288, 289, 292, 294
谷川俊太郎 14, 15, 16, 40, 128, 168, 169, 170, 171, 172, 173, 174, 180, 181, 204, 205, 285, 287, 288, 290, 291, 292, 293, 303
俵万智 80
坪内稔典 301
照屋林賢 217

[ナ]
夏井いつき 302
滑川道夫 266, 267, 272, 277, 307
鳴島甫 71, 72, 73
ねじめ正一 178
野口雨情 168, 235
野口茂夫 37, 38, 39, 40, 42
野呂昶 145

[ハ]
灰谷健次郎 299
畑島喜久生 278, 284
原田明美 40, 42
春山行夫 190, 196
平井照敏 67, 69
藤井要 134
藤井圀彦 301
武鹿悦子 166
藤哲生 202

[マ]
牧恵子 46
松本利昭 248, 249, 250, 251, 252, 253, 254, 256, 257, 259, 261, 262, 266, 269, 273, 275, 276, 277, 278, 284, 285, 298
まど・みちお 22, 23, 106, 107, 108, 111, 112, 113, 114, 115, 116, 149, 287, 288, 303
三木露風 168, 235
水内喜久雄 45, 46, 48
三好達治 149
向井吉人 172, 177, 193, 194, 196, 300
向山洋一 78

[ヤ]
山際鈴子 50, 52, 56, 64, 74, 99, 111, 113, 120, 125, 142, 159, 161, 185, 210, 212, 233, 279, 280, 282, 283, 284, 299, 303
山口仲美 157, 158
山村暮鳥 198
弥吉菅一 232, 233, 279, 280, 284, 302, 305
吉野弘 92, 93, 95, 96, 99

[ラ]
R.カイヨワ 183

[ワ]
若山牧水 72
和田博文 13

事項索引

[ア]
「赤い鳥」38, 168, 232, 235, 239, 240, 247, 302
「荒地」13, 14, 16
異化 30, 58, 59, 60, 61, 62, 63, 64, 69, 71, 73, 87, 89, 96, 99, 102, 104, 125, 128, 131, 137, 138, 141, 142, 144, 145, 146, 159, 165, 170, 172, 178, 188, 191, 192, 196, 197, 200, 209, 211, 214, 217
韻文 37, 38, 39, 40, 168
大阪児童詩の会 50, 233, 279, 284, 299, 304, 305
大阪弁 52, 206, 207, 208, 209, 210, 211, 212, 213, 214, 216, 217
オノマトペ（擬声語・擬態語・声喩）49, 68, 74, 156, 157, 158, 159, 160, 162, 163, 164, 165, 179, 180
オブジェ 192
音韻（韻）41, 56, 74, 168, 169, 170, 174, 176, 178, 179, 180, 185, 188, 192, 204, 205, 289, 290, 291, 292, 294

[カ]
架空 26, 28, 29, 30, 36, 87, 130
学習指導要領 18, 19, 20, 30, 36, 37, 40, 232
語り 30, 44, 78, 89
語り口 74, 204, 208, 209, 210, 211, 214, 216, 217, 223
語り手（話者）26, 28, 29, 30, 36, 58, 74, 78, 80, 88, 89, 141, 144, 146, 209, 216, 217, 240, 273
学級経営 246, 273
共同体 15, 286, 293, 294, 301, 303

児玉 忠（こだま ただし）

1962年北海道生まれ。

北海道教育大学（旭川校）卒業。大阪教育大学大学院修了。

帝塚山学院中学校高等学校教諭，弘前大学教育学部助教授・教授を経て，現在，宮城教育大学教授。

主な著書に『高等学校 文章表現の授業』（渓水社 1997年），『朝倉国語教育講座4 書くことの教育』（共著，朝倉書店 2006年），『見つめる力・発見する力を育てる児童詩の授業』（共著，銀の鈴社 2011年），『中学校・高等学校「書くこと」の学習指導』（共著，渓水社 2016年）など。その他，論文等多数。

全国大学国語教育学会，日本国語教育学会，日本文学協会，日本児童文学学会などに所属。

詩の教材研究——「創作のレトリック」を活かす

2017年4月5日　初版第1刷発行

著　者　児玉　忠
発行者　山﨑富士雄
発行所　教育出版株式会社
101-0051　東京都千代田区神田神保町2-10
TEL 03-3238-6965／FAX 03-3238-6999
URL http://www.kyoiku-shuppan.co.jp

表紙絵：まど・みちお「（タイトルなし）」
（周南市美術博物館蔵）
装　丁：伊藤久美
DTP：スペースアクト
印　刷：三美印刷
製　本：上島製本

ISBN978-4-316-80445-3　C3037